《职通汉语·听力5》审订组

（按音序排名）

崔永华

刘珣

王俊毅

张程

张健

职通汉语

应　用　型　院　校
国家通用语言文字系列教材

职通汉语
听力 5

李铭起　王　彦　主编
许培新　张　扬　编著

北京语言大学出版社
BEIJING LANGUAGE AND CULTURE
UNIVERSITY PRESS

图书在版编目（CIP）数据

职通汉语听力．5 / 李铭起，王彦主编 ；许培新，张扬编著．-- 北京 ：北京语言大学出版社，2018.5
ISBN 978-7-5619-5187-3

Ⅰ．①职… Ⅱ．①李… ②王… ③许… ④张… Ⅲ．①汉语－听说教学－少数民族教育－教材 Ⅳ．① H193.2

中国版本图书馆 CIP 数据核字 (2018) 第 090502 号

职通汉语　听力 5

ZHITONG HANYU TINGLI 5

排版制作：北京创艺涵文化发展有限公司
责任印制：陈　辉

出版发行：北京语言大学出版社
社　　址：北京市海淀区学院路 15 号，100083
网　　址：www.blcup.com
电子信箱：service@blcup.com
电　　话：编辑部　8610-82303390
　　　　　发行部　8610-82303650/3591/3648
　　　　　北语书店　8610-82303653
　　　　　网购咨询　8610-82303908
印　　刷：保定市中画美凯印刷有限公司

版　　次：2018 年 5 月第 1 版　　　印　　次：2018 年 5 月第 1 次印刷
开　　本：889 毫米 × 1194 毫米　1/16　　　印　　张：12.75
字　　数：325 千字
定　　价：38.00 元

PRINTED IN CHINA

出版说明

近年来，国家对职业教育越来越重视，不断加大对应用型院校的投入，应用型院校的学生规模与日俱增，少数民族地区应用型院校也表现出同样的特点。无论是为了将来更好地就业还是学习深造，这些院校的少数民族学生都需要掌握国家通用语言文字，因此迫切需要好教易学的国家通用语言文字教材。目前少数民族地区应用型院校使用的教材较为零散，还没有一套成体系的包含听、说、读、写等各项技能训练的教材，且有的教材内容老旧。在这样的背景下，北京语言大学出版社的编辑们与少数民族地区 14 所应用型院校的一线教师面对面座谈，了解他们对教材的需求，并通过问卷、邮件等收集各方信息，最终策划、出版了这套专门针对少数民族地区应用型院校的国家通用语言文字系列教材《职通汉语》。这套教材是对北语社经典教材的升级、改版、整合。改版后的教材包含综合、口语、听力、阅读、写作五种课型，每种课型按照从易到难分为六册，* 全套共 26 本，教材内容更加贴合少数民族地区应用型院校的教学实际。

▶《职通汉语》与老版教材的对应表

课型 / 册别	综合	口语	听力	阅读	写作
第 1 册	《初级汉语教程》（修订版）第一册	《直捷汉语口语初级本》上	《新初级汉语听力》（民族版）上	《步步高汉语阅读教程》第一册	
第 2 册	《初级汉语教程》（修订版）第二册	《直捷汉语口语初级本》下	《新初级汉语听力》（民族版）下	《步步高汉语阅读教程》第二册	
第 3 册	《初级汉语教程》（修订版）第三册	《直捷汉语口语中级本》上	《新中级汉语听力》（民族版）上	《步步高汉语阅读教程》第三册	《高职汉语写作教程》
第 4 册	《中级汉语教程》第一册	《直捷汉语口语中级本》下	《新中级汉语听力》（民族版）下	《步步高汉语阅读教程》第四册	《高职汉语写作教程》
第 5 册	《中级汉语教程》第二册	《直捷汉语口语高级本》上	《新高级汉语听力》（民族版）上	《步步高汉语阅读教程》第五册	
第 6 册	《现代汉语高级教程》上中下	《直捷汉语口语高级本》下	《新高级汉语听力》（民族版）下	《步步高汉语阅读教程》第六册	

* 《职通汉语·写作》分为上、下两册。

▶《职通汉语》的特点

每一册根据教学周数设置课容量

每册设置了 18 课左右的内容，一周学完一课，每册适用一个学期（18 周左右）。*

一、二册各门之间语法点、话题横向匹配

为了增加重点内容的复现率，特别对初级各门课程的话题、语言点进行了匹配设置，以便于学生在滚动学习中加深对知识点的理解。

学习进程加快

《职通汉语》相对于老版教材，词汇、语法学习的进程都加快了一些，以提高学习效率，适应少数民族地区应用型院校少数民族学生的特点。

教材结构体现上课流程

从学习、讲解到练习，结构清晰，便于教师使用。

课文内容具有实用性、趣味性和职业特色

这次修订对老版教材的语料也进行了更新，增加了"微信""网购"等时尚话题，也涉及职业道德修养、职业理念养成等内容。

课后练习有针对性，有互动性

课后练习结合语言应用，增加了小组活动，增加了语言社会实践，增加了自由表达练习。

时尚科技服务学习

本书配套的音频资源可以通过扫描书中二维码的形式实现用手机随时随地播放。

配有丰富的教学资源

本套教材每一门每一册每一课都提供了免费的教学 PPT、教案，各门课的第一册还有教学示范课供教师参考。

---

* 《职通汉语·综合6》因选用了名家名篇，每一课篇幅较长，故设置为 10 课，建议每课学习 10～12 课时。

▶《职通汉语》使用建议

各门课程周课时安排建议如下：

综合 1	口语 1	听力 1	阅读 1
6 ～ 8 课时	4 课时	4 课时	4 课时
综合 2	**口语 2**	**听力 2**	**阅读 2**
6 ～ 8 课时	4 课时	4 课时	4 课时

综合 3	口语 3	听力 3	阅读 3	写作 上
6 课时	4 课时	4 课时	4 课时	4 课时
综合 4	**口语 4**	**听力 4**	**阅读 4**	**写作 下**
6 课时	4 课时	4 课时	4 课时	4 课时

综合 5	口语 5	听力 5	阅读 5
6 课时	4 课时	4 课时	4 课时
综合 6	**口语 6**	**听力 6**	**阅读 6**
6 课时	4 课时	4 课时	4 课时

建议课型多样化

以上课型还可搭配 MHK 的训练、视听说、中华文化或专业课等设置课程。

关于《职通汉语·写作》

《职通汉语·写作》适合 MHK 二级以上水平的学生，可根据学生水平和套系中的某一册搭配使用，不局限于第三册和第四册。

感谢给予《职通汉语》大力支持的少数民族地区多所院校，感谢参与调研的各院校的老师们！

《职通汉语》项目组

编写说明

《职通汉语·听力》是为少数民族地区应用型院校少数民族学生编写的国家通用语言文字听力教材，是在原《新初 / 中 / 高级汉语听力》（民族版）的基础上改编、修订而成的，适用于汉语水平零起点到高级的少数民族学生，可用于课堂教学，也可用于个人自学。学习本套教材，对提高学习者的汉语听力水平以及应对 MHK 考试都会有较大的帮助。

本套教材按照难度由低到高共分六册，课文力求做到由短到长，由浅入深，由易到难。选取的听力材料力求轻松活泼，以实际生活为依据，话题范围广泛，以增加学习者的学习兴趣；语言力求流畅自然，生动有趣，努力做到趣味性和科学性的有机统一。除此之外，本套教材在编写过程中，还考虑到 MHK 的特点，设计了有针对性的专门训练，是与 MHK 的有机结合。

▶ **关于本册**

本册共 18 课，每课由以下几部分组成：

热身

这部分主要是对本课涉及的话题进行热身，让学生从较短、较容易的听力语料开始，从而增加听力自信。

精听

这部分是一篇短文，练习题型多为听后回答、选择、判断以及听后说。教师在课堂上可根据学生水平决定课文听几遍。

泛听

这部分是一篇短文，用于扩大学生词汇量和训练掌握听力内容大意的能力。泛听部分的练习题型多为听后回答问题和听后说。

强化训练

这部分在精听、泛听学习的知识点之外，增加了一些 MHK 常考的知识点。问题的设置以及选项的设置都参考了 MHK 考试的出题理念。希望学习者通过对这部分内容的练习更加了解 MHK 考试的形式，熟练掌握 MHK 考试的解题思路。

需要说明的是，“热身”“精听”“泛听”部分的生词以扫除听力障碍为目的，学习者只理解在本课的意思即可，教师不必花大量时间详细讲解。另外，“精听”和“泛听”这样的设计为教师和学习者都提供了更大的选择空间，教师和学习者都可以根据自己实际的教学情况或学习情况对内容进行取舍，以获得最佳的学习效果。本册每八课还设置了一个“阶段测试”课，用于对前面学过内容的巩固和复习，也可用于阶段性学习检测。本教材各课内容均配有录音，扫每课后的二维码，可实现录音的手机在线播放。

限于编者水平，本教材难免有这样那样的缺点，敬请各位同行及教材使用者批评指正，以利于日后的修订。

编　者

2018 年 3 月

目　录

第 1 课　连接世界，用心去做 …… 1

热　身　网上聊天儿
精　听　连接世界，用心去做
泛　听　我国未成年人互联网应用状况调查
强化训练

第 2 课　每一个梦想都值得拥有 …… 6

热　身　只管去做
精　听　每一个梦想都值得拥有
泛　听　三只钟的故事
强化训练

第 3 课　正确认识自己 …… 11

热　身　梅兰芳求教
精　听　正确认识自己
泛　听　我站在巨人的肩膀上
强化训练

第 4 课　拧螺丝 …… 16

热　身　把预期降低一小格
精　听　拧螺丝
泛　听　精益求精
强化训练

第 5 课 文化才是民族的故事 …… 21

热　身　饮茶的起源
精　听　文化才是民族的故事
泛　听　我国的三大国粹
强化训练

第 6 课 最好的老师就是阅读 …… 26

热　身　世界读书日
精　听　最好的老师就是阅读
泛　听　做一个终身读者
强化训练

第 7 课 低碳旅游 …… 31

热　身　碳足迹
精　听　低碳旅游
泛　听　环境保护三重含义
强化训练

第 8 课 这些能力很重要 …… 36

热　身　什么是学习能力
精　听　这些能力很重要
泛　听　树立终身学习的观念
强化训练

第 9 课 阶段测试（上） …… 41

第 10 课 唤醒生命 …… 44

热　　身 四十五秒
精　　听 唤醒生命
泛　　听 不要做那株含羞草
强化训练

第 11 课 职业生涯规划 …… 49

热　　身 咖啡师
精　　听 职业生涯规划
泛　　听 交通工程专业
强化训练

第 12 课 心在哪里，成果就在哪里 …… 54

热　　身 一朵玫瑰
精　　听 心在哪里，成果就在哪里
泛　　听 触摸彩虹
强化训练

第 13 课 取舍之间 …… 59

热　　身 懂得转弯
精　　听 取舍之间
泛　　听 放弃是一种智慧，缺点是一种恩惠
强化训练

第 14 课 繁忙的城市，有序的交通 …… 64

热　　身 高速铁路
精　　听 繁忙的城市，有序的交通
泛　　听 高铁上的盒饭
强化训练

第15课 纠正惰性生活方式 …… 69

热　身　意志力只是一个神话
精　听　纠正惰性生活方式
泛　听　如何成为专家
强化训练

第16课 互联网时代的阅读 …… 74

热　身　互动性阅读
精　听　互联网时代的阅读
泛　听　新型阅读
强化训练

第17课 你真的会跑步吗 …… 79

热　身　全民健身
精　听　你真的会跑步吗
泛　听　中国足球古今谈
强化训练

第18课 阶段测试（下） …… 84

听力文本及部分练习答案 …… 87

第1课 连接世界，用心去做

热身

1. 单调	dāndiào	4. 沉迷	chénmí
2. 视频	shìpín	5. 衰退	shuāituì
3. 约束	yuēshù	6. 自闭	zìbì

网上聊天儿

连续听两遍录音，选择正确答案

1. 除了网上聊天儿，还有什么聊天儿方式？（　　）
   A. 语音聊天儿　　B. 视频聊天儿
   C. 打字聊天儿　　D. 现实中的聊天儿
2. 网上聊天儿的好处是什么？（　　）
   A. 无钱财消费　　B. 无时空约束
   C. 无感情交流　　D. 无任何限制
3. 如果和不认识的人聊天儿，要注意什么问题？（　　）
   A. 安全和隐私　　B. 保险和财物
   C. 话题和情绪　　D. 时间和频率
4. “不能长期沉迷”中，“沉迷”的意思与下面哪项最接近？（　　）
   A. 沉思　　B. 沉默
   C. 财迷　　D. 痴迷

精听

1. 阐述	chǎnshù	2. 核心	héxīn

3. 使命	shǐmìng	10. 淘汰	táotài
4. 一应俱全	yìyīng-jùquán	11. 延伸	yánshēn
5. 弥补	míbǔ	12. 覆盖	fùgài
6. 缺憾	quēhàn	13. 庞大	pángdà
7. 心无旁骛	xīnwúpángwù	14. 攀登	pāndēng
8. 质疑	zhìyí	15. 拓展	tuòzhǎn
9. 分量	fènliàng	16. 铁杵	tiěchǔ

连接世界，用心去做

一、听第一遍录音，回答下列问题

1. 说话人为什么创立这个网站？
2. 说话人发现网上缺少的是什么？
3. 人们可以互相联系和分享会产生什么作用？
4. 说话人认为自己的使命是什么？
5. 人有了使命以后会变得怎样？
6. 说话人创立网站之初遇到过哪些质疑？
7. 这个网站是如何一步一步发展起来的？
8. 支持说话人的信念是什么？

二、听第二遍录音，选择正确答案

1. 说话人认为使命的本质是什么？（ ）

A. 过程　　B. 方法

C. 结果　　D. 目的

2. “心无旁骛”是什么意思？（ ）

A. 重视　　B. 接受

C. 专注　　D. 肯定

3. 面对质疑，说话人是如何选择的？（ ）

A. 继续用心去做　　B. 犹豫之后放弃

C. 与大公司合作　　D. 努力保持现状

4. “只要功夫深，铁杵磨成针”与下面哪项意思一致？（ ）

A. 千里之行，始于足下　　B. 书山有路，学海无涯

C. 己所不欲，勿施于人　　D. 成功秘诀，在于有恒

三、再听一遍录音，判断下列句子正误

1. 说话人想要表达的核心内容是“怎么创立企业”。 （ ）
2. 如果人有了自己的使命，就不会犹豫，会更用心。 （ ）
3. 当网站的校园版推出的时候，说话人还是大学生。 （ ）
4. 这个网站是目前世界上最大的、超过15亿人的互联网社区。 （ ）
5. 这个网站创立之初是开放给所有人使用的。 （ ）
6. 这个网站现在成立了以海外拓展业务为中心的公司。 （ ）
7. 这个网站只能在说话人的国家使用。 （ ）
8. 说话人认为刚开始就要弄清楚所有问题的答案。 （ ）

四、听后说

你认为“和世界的连接”有哪些好处？在这一过程中互联网的作用有哪些表现？谈谈你的看法。

泛听

1. 涌现	yǒngxiàn	6. 瘾	yǐn
2. 呈	chéng	7. 潜在	qiánzài
3. 趋势	qūshì	8. 亟	jí
4. 呼吁	hūyù	9. 兼顾	jiāngù
5. 给予	jǐyǔ		

我国未成年人互联网应用状况调查

一、连续听两遍录音，回答下列问题

1. 这是第几次未成年人互联网应用状况调查？
2. 未成年人和他们的父母哪一方上网比例高？
3. 多少教师和家长认为网络内容对未成年人有害？
4. 未成年人对哪些网络功能使用较多？
5. 最受未成年人欢迎的是什么？
6. 对未成年人，说话人忧虑什么？

7. 参与调查的未成年人中近半数首次上网是在哪个年龄段？
8. 这次调查的受访者主要是哪些人？

二、听后说

你平时上网主要做什么？你如何看待网络的利与弊？

强化训练

一、根据录音内容，选择正确答案

1.（　　）
A. 60 岁以上再婚的很多
B. 80% 的丧偶老人想再婚
C. 多数中国人选择“隐婚”
D. 再婚人口占总人口的 15.5%

2.（　　）
A. 过去没有风险
B. 现在最担心疾病
C. 现在生活成本很高
D. 现在不如以前幸福

3.（　　）
A. 今年活动的主题是足球
B. 有 7500 名游客共进午餐
C. 海港大桥是悉尼最高的建筑
D. 活动为申办 2024 年奥运会造势

4.（　　）
A. 昆虫营养很丰富
B. 蚂蚁一生非常勤奋
C. 只有三分之一的蚂蚁工作
D. 蚂蚁的工作时间只占生命的五分之一

5.（　　）
A. 榜上有 2065 位富豪
B. 中国富豪中，浙江人最多
C. 中国诞生了 72 位亿万富豪
D. 浙江富豪数在全球排名第一

6.（　　）
A. 13 秒
B. 13 秒 09
C. 13 秒 15
D. 13 秒 20

7.（　　）
A. 很紧张
B. 节奏很好
C. 已恢复到最好水平
D. 起跑和冲刺特别好

8.（　　）
A. 病好了
B. 顺利过栏
C. 打破罗伯斯的纪录
D. 比赛完全释放，毫无保留

9.（　　）
A. 粉丝众多
B. 从小就有名气
C. 为功夫电影做出了贡献
D. 在《青蜂侠》中担任主角

10.（　　）
A. 四部
B. 五部
C. 四部半
D. 五部半

11.（　　）
A. 创造过无数奇迹
B. 李小龙是承前启后之人
C. 李小龙的电影都是香港电影
D. 李小龙促进了香港影星的进步

12.（　　）
A. 他没有死
B. 他演的电影还在
C. 有关他的电影还在
D. 他的影响没有结束

二、根据录音内容，笔答下列问题

13. ____________________
14. ____________________
15. ____________________
16. ____________________
17. ____________________
18. ____________________
19. ____________________
20. ____________________
21. ____________________

扫一扫，听录音

第2课 每一个梦想都值得拥有

热身

1. 负债	fù//zhài	5. 一意孤行	yíyì-gūxíng
2. 累累	lěilěi	6. 塞万提斯	Sàiwàntísī
3. 破灭	pòmiè	7.《堂·吉诃德》	Táng Jíhēdé
4. 荒唐	huāngtáng		

只 管 去 做

连续听两遍录音，选择正确答案

1. 他为什么天天离开家？ （ ）

   A. 寻求帮助　　B. 外出工作

   C. 躲避债主　　D. 摆脱困境

2. 他为了什么而写书？ （ ）

   A. 梦想　　B. 工作

   C. 任务　　D. 职责

3. “一意孤行”是什么意思？ （ ）

   A. 在行动中感觉孤单　　B. 不接受别人的支持

   C. 按照自己的想法做事　　D. 做事情不善于动脑筋

4. 根据这段话，下面哪项正确？ （ ）

   A. 他从小就开始写书　　B. 他写书的梦想破灭了

   C. 他在生活安稳后开始写小说　　D. 他是《堂·吉诃德》的作者

精听

1. 嘲笑	cháoxiào	8. 融化	rónghuà
2. 哗众取宠	huázhòng-qǔchǒng	9. 赞不绝口	zànbùjuékǒu
3. 大同小异	dàtóng-xiǎoyì	10. 诋毁	dǐhuǐ
4. 荧光	yíngguāng	11. 畅销	chàngxiāo
5. 制剂	zhìjì	12. 专利	zhuānlì
6. 气馁	qìněi	13. 尊卑	zūnbēi
7. 研制	yánzhì		

每一个梦想都值得拥有

一、听第一遍录音，回答下列问题

1. 他为什么改行当厨师？
2. 他如何面对质疑？
3. 荧光冰激凌有什么特点？
4. 试验之初，他为什么多次失败？
5. 变色冰激凌研制成功后，产生了什么样的效益？

二、听第二遍录音，选择正确答案

1. 对于科学家转行当厨师，周围人的态度是什么？（　　）
   A. 鼓励　　B. 赞美
   C. 不解　　D. 嘲笑
2. 给他启发的是什么冰激凌？（　　）
   A. 变色冰激凌　　B. 荧光冰激凌
   C. 普通冰激凌　　D. 多味冰激凌
3. 他用什么材料制作冰激凌？（　　）
   A. 可食用材料　　B. 化学添加剂
   C. 纯天然原料　　D. 动植物材料
4. 他研制变色冰激凌花了多长时间？（　　）
   A. 两个月　　B. 三个月
   C. 四个月　　D. 五个月

三、再听一遍录音，判断下列句子正误

1. 他曾是一位美食家。（ ）
2. 他改行当厨师的时候已经 73 岁了。（ ）
3. 有些人认为他当厨师可能是哗众取宠。（ ）
4. 所有起反应的原料都是化学制剂，所以不能使用。（ ）
5. 变色冰激凌呈紫色，入口融化时则变为浪漫的蓝色。（ ）
6. 变色冰激凌不仅在国内销售，也远销国外。（ ）
7. 他为荧光冰激凌申请了专利。（ ）
8. 梦想没有高低贵贱，都是值得拥有的。（ ）

四、听后说

你的梦想是什么？你打算怎么实现自己的梦想？

泛听

1. 组装	zǔzhuāng	6. 遥不可及	yáobùkějí
2. 嘀嗒	dīdā	7. 不知所措	bùzhī-suǒcuò
3. 吃得消	chīdexiāo	8. 孕育	yùnyù
4. 将信将疑	jiāngxìn-jiāngyí	9. 开辟	kāipì
5. 不知不觉	bùzhī-bùjué	10. 怨天尤人	yuàntiān-yóurén

三只钟的故事

一、连续听两遍录音，回答下列问题

1. 新钟为什么觉得“办不到”？
2. 新钟觉得什么事情很简单？
3. 一年里，新钟摆了多少次？
4. 人们为什么会不知所措？
5. 人们为什么放弃努力？
6. 持续地努力会有什么结果？
7. 刚开始工作时会有什么想法？
8. 成功是怎么得来的？

二、听后说

请你谈谈对“志存高远”和“脚踏实地”的理解。

强化训练

一、根据录音内容，选择正确答案

1.（　　）

A. 该车可以回收能量

B. 重庆恒通客车公司很大

C. 该车在行驶时排放比较少

D. 重庆是新能源汽车发源地

2.（　　）

A. 戴上后可以隐形

B. 它的外观非常好看

C. 骑车时它会弹出气囊

D. 花了六年时间才研制出来

3.（　　）

A. 她 28 岁了

B. 之前她并无不适

C. 她咳出了一枚果实的种子

D. 几天前她不慎把水果吸入肺中

4.（　　）

A. 总部设在伦敦

B. 简称世界银行

C. 负责监察各国贸易

D. 是世界上最大的银行

5.（　　）

A. 两年前登上福布斯封面

B. 现在与过去没有太大变化

C. 现在是一个创业者和投资人

D. 认为有梦想就一定能够实现

6.（　　）

A. 篮球

B. 足球

C. 排球

D. 网球

7.（　　）

A. 吸引少年儿童参与

B. 普及和推广此项运动

C. 培养参与者的优良品质

D. 承担此项运动的国际比赛

8.（　　）

A. 小学

B. 初中

C. 高中

D. 大学

9.（　　）

A. 案头雕塑

B. 园林雕塑

C. 室内雕塑

D. 街头雕塑

10.（　　）

A. 纪念性雕塑

B. 主体性雕塑

C. 装饰性雕塑

D. 陈列性雕塑

11.（　　）

A. 与主题结合

B. 与环境结合

C. 与材料结合

D. 与建筑结合

12.（　　）

A. 美化交通环境

B. 丰富文化内涵

C. 具有广告效果

D. 体现人文精神

二、根据录音内容，笔答下列问题

13. ______________________________

14. ______________________________

15. ______________________________

16. ______________________________

17. ______________________________

18. ______________________________

19. ______________________________

20. ______________________________

21. ______________________________

扫一扫，听录音

第3课 正确认识自己

热身

1. 梅兰芳	Méi Lánfāng	8. 恭敬	gōngjìng
2. 造诣	zàoyì	9. 高见	gāojiàn
3. 丹青	dānqīng	10. 赐教	cìjiào
4. 妙手	miàoshǒu	11. 恍然大悟	huǎngrán-dàwù
5. 齐白石	Qí Báishí	12. 指正	zhǐzhèng
6. 磨墨	mó mò	13. 境界	jìngjiè
7. 自傲	zì'ào		

梅兰芳求教

连续听两遍录音，选择正确答案

1. 除了京剧表演，梅兰芳还在哪方面有高超的水平？（　　）
   A. 声乐　　B. 书法
   C. 绘画　　D. 舞蹈
2. 梅兰芳听到老人的评价后有什么表现？（　　）
   A. 磨墨铺纸　　B. 虚心求教
   C. 拜为老师　　D. 满不在乎
3. “恍然大悟”是什么意思？（　　）
   A. 完全明白　　B. 特别高兴
   C. 有些糊涂　　D. 忽然明白
4. “把自己的姿态放得很低”是什么意思？（　　）
   A. 很谦虚　　B. 很努力
   C. 很认真　　D. 很好学

精听

1. 散文	sǎnwén	8. 领略	lǐnglüè
2. 口若悬河	kǒuruòxuánhé	9. 文采	wéncǎi
3. 压轴	yāzhòu	10. 引以为荣	yǐnyǐwéiróng
4. 真才实学	zhēncái-shíxué	11. 奉若明珠	fèngruòmíngzhū
5. 定心丸	dìngxīnwán	12. 自得	zìdé
6. 凝结	níngjié	13. 低调	dīdiào
7. 谋	móu	14. 稳健	wěnjiàn

正确认识自己

一、听第一遍录音，回答下列问题

1.“我”什么时候出了自己的书？
2.“我”去报社做什么？
3. 第一次见社长的时候，“我”是什么表现？
4. 笔试之前，“我”对自己有信心吗？
5. 社长看了“我”写的书吗？
6. 社长认为应聘者最重要的品质是什么？

二、听第二遍录音，选择正确答案

1.“我”为什么拿出自己写的书给社长？ (　　)
A. 当作礼物　　B. 证明能力
C. 应聘要求　　D. 随意为之

2. 社长对“我”来求职的态度怎么样？ (　　)
A. 平静淡然　　B. 不理不睬
C. 充分认可　　D. 无动于衷

3.“我”为什么感觉气愤？ (　　)
A. 笔试失败　　B. 能力不足
C. 书被忽视　　D. 失去自信

4. 在社长眼中，“我”是个什么样的人？ （ ）

A. 很优秀的人　　B. 很谦虚的人

C. 没能力的人　　D. 普通毕业生

三、再听一遍录音，判断下列句子正误

1. 大学毕业后，“我”去省里最好的报社上班了。 （ ）
2. “我”能力强，会说话，给社长留下了很好的印象。 （ ）
3. 社长要求“我”参加报社的笔试。 （ ）
4. “我”做了充分的笔试准备，信心十足。 （ ）
5. “我”很满意自己写的书。 （ ）
6. 社长看完“我”的书以后，交给了秘书。 （ ）
7. 社长认为，“我”有才气，但不够谦虚。 （ ）
8. “我”明白了做人应该谦虚低调。 （ ）

四、听后说

请查阅资料，再讲一个有关“谦虚”的故事。

泛听

1. 声誉	shēngyù	8. 空话	kōnghuà
2. 显赫	xiǎnhè	9. 引力	yǐnlì
3. 敬仰	jìngyǎng	10. 定律	dìnglǜ
4. 谦逊	qiānxùn	11. 斐然	fěirán
5. 忠实	zhōngshí	12. 贝壳	bèiké
6. 勤勉	qínmiǎn	13. 汪洋	wāngyáng
7. 公式	gōngshì	14. 巨擘	jùbò

我站在巨人的肩膀上

一、连续听两遍录音，回答下列问题

1. 爱因斯坦对什么事情感到不满？

2. 爱因斯坦总结的成功的公式是什么？
3. 万有引力定律是谁发现的？
4. 牛顿在哪些方面成就斐然？
5. 牛顿如何看待“伟人”这个评价？
6. 爱因斯坦和牛顿怎么看待自己的成就？

二、听后说

请谈谈“站在巨人的肩膀上”有什么含义。

强化训练

一、根据录音内容，选择正确答案

1.（　　）
A. 很早之前就出台了
B. 意味着网络运营者权力变大了
C. 法律规定要对用户信息严格保密
D. 法律规定信息不能删除或者更正

2.（　　）
A. 澳门是亚洲娱乐之都
B.《水舞间》是水上表演
C. 澳门已成为“世界旅游休闲中心”
D.《水舞间》表现的是一个爱情故事

3.（　　）
A. 硬币正面都有毛泽东头像
B. 纸币正面都有毛泽东头像
C. 纸币中央有传统名花图案
D. 纸币正面有民族特色图案

4.（　　）
A. 也可以笑
B. 感受不到外界的信息
C. 可以感受母亲的情绪
D. 还不会做出相应的反应

5.（　　）
A. 子女应常回家看看
B. 应提倡新型养老模式
C. 八成的老人想入住养老院
D. 子女都不想让老人住养老院

6.（　　）
A. 2
B. 3
C. 8
D. 20

7.（　　）
A. 3 万多千米
B. 8 万多千米
C. 13 万多千米
D. 1.2 亿千米

8.（　　）
A. 旅游指南
B. 民族文化
C. 自然风光
D. 普通生活

9.（　　）

A. 2

B. 9

C. 10

D. 11

10.（　　）

A. 经济建设

B. 政治建设

C. 文化建设

D. 社会建设

11.（　　）

A. 自然风光

B. 当代科技成果

C. 互联网科技成果

D. 大型实物和沙盘模型

12.（　　）

A. 最新技术

B. 互动体验

C. 展台设计

D. 中外结合

二、根据录音内容，笔答下列问题

13. ______________________________

14. ______________________________

15. ______________________________

16. ______________________________

17. ______________________________

18. ______________________________

19. ______________________________

20. ______________________________

21. ______________________________

扫一扫，听录音

第4课 拧螺丝

热身

1. 掌门人	zhǎngménrén	6. 传达室	chuándáshì
2. 宽慰	kuānwèi	7. 领班	lǐngbān
3. 掸	dǎn	8. 青云直上	qīngyún-zhíshàng
4. 空隙	kòngxì	9. 总裁	zǒngcái
5. 金融	jīnróng	10. 转机	zhuǎnjī

把预期降低一小格

连续听两遍录音，选择正确答案

1. 他在这家投资公司最初负责什么工作？（　　）
   A. 金融　　B. 管理
   C. 看门　　D. 清洁
2. 他利用什么时间学习？（　　）
   A. 下班以后　　B. 工作时间
   C. 工作间隙　　D. 周末闲暇
3. “青云直上”是什么意思？（　　）
   A. 迅速升职　　B. 实现梦想
   C. 大雁飞翔　　D. 青烟上升
4. 这段话想告诉我们什么？（　　）
   A. 不要改变自己的梦想　　B. 根据现实调整期望值
   C. 只要努力就可以成功　　D. 不要怕脏，努力工作

精听

1. 拧	nǐng	9. 庄重	zhuāngzhòng
2. 螺丝	luósī	10. 确保	quèbǎo
3. 五大三粗	wǔdà-sāncū	11. 严谨	yánjǐn
4. 一丝不苟	yīsī-bùgǒu	12. 精益求精	jīngyìqiújīng
5. 琢磨	zuómo	13. 投机取巧	tóujī-qǔqiǎo
6. 牢	láo	14. 半途而废	bàntú'érfèi
7. 钻研	zuānyán	15. 工匠	gōngjiàng
8. 和谐	héxié		

拧 螺 丝

一、听第一遍录音，回答下列问题

1. 王天翔刚学习拧螺丝的时候，有什么特点？
2. 王天翔在比赛中为什么获得了质量冠军？
3. 王天翔为什么闭着眼睛也能把螺丝拧好？
4. 航天中心为什么想调用王天翔？
5. 王天翔是如何一步一步成为有名的螺丝工的？
6. 什么是“工匠精神”？

二、听第二遍录音，选择正确答案

1. “一丝不苟”是什么意思？ ( )
   A. 认真　　B. 专业
   C. 热情　　D. 严肃
2. 王天翔在比赛中有什么表现？ ( )
   A. 速度快　　B. 质量高
   C. 数量多　　D. 时间长
3. 关于王天翔工作单位的调整顺序，正确的是哪一项？ ( )
   A. 航空公司修理厂—汽车修理厂—航天中心
   B. 汽车修理厂—航天中心—航空公司修理厂
   C. 汽车修理厂—航空公司修理厂—航天中心
   D. 航天中心—航空公司修理厂—汽车修理厂

4. 王天翔钻研拧螺丝技术的过程是怎样的？ （ ）

A. 找感觉—听声音—记圈数　　B. 记圈数—找感觉—听声音

C. 找感觉—记圈数—听声音　　D. 听声音—记圈数—找感觉

三、再听一遍录音，判断下列句子正误

1. 王天翔高中毕业后进了汽车修理厂。 （ ）
2. 王天翔学东西很快，而且一丝不苟。 （ ）
3. 王天翔通过记圈数，能把螺丝拧到最合适的程度。 （ ）
4. 拧螺丝的时候，快拧牢时才开始有手感。 （ ）
5. 拧螺丝拧得越紧越好。 （ ）
6. 在比赛中，评委发现了王天翔拧螺丝一次到位的特殊才能。 （ ）
7. 王天翔靠运气获得了质量冠军。 （ ）
8. 王天翔把拧螺丝当成做艺术品来做。 （ ）

四、听后说

什么是“做基础工作的高级人才”？做简单基础的工作，怎样才能成为高级人才？

泛听

1. 马庆坤	Mǎ Qìngkūn	8. 机芯	jīxīn
2. 指甲盖儿	zhǐjiagàir	9. 前沿	qiányán
3. 精细	jīngxì	10. 专心致志	zhuānxīn-zhìzhì
4. 勤恳	qínkěn	11. 改进	gǎijìn
5. 要领	yàolǐng	12. 方案	fāng'àn
6. 娴熟	xiánshú	13. 佩戴	pèidài
7. 模具	mújù		

精 益 求 精

一、连续听两遍录音，回答下列问题

1. 马庆坤毕业后去了哪里工作？

2. 马庆坤每天在车间待多长时间？
3. 马庆坤的工作态度怎么样？
4. 马庆坤为什么能从普通操作工成长为专业维修人才？
5. 让马庆坤感到自豪的是什么？
6. 马庆坤怎么看待我国的民族品牌？

二、听后说

结合你的生活感受，谈一谈这些奋斗在建设一线的工匠们有什么共同特点。

强化训练

一、根据录音内容，选择正确答案

1.（　　）
A. 发现油井属于意外
B. 没有找到油却找到了水
C. 20 世纪 50 年代到处打井找油
D. 居民的饮用水主要来源于淡化海水

2.（　　）
A. 将走向个性化生产
B. 不能接受“手工作坊”
C. 只能大规模地工业化生产
D. 为不同用户定制相同的软件

3.（　　）
A. 她的灵感来源丰富
B. 她出版了很多唱片
C. 她觉得很难获得灵感
D. 她的创作没有目的性

4.（　　）
A. 多吃芹菜孩子聪明
B. 辣椒和藕不含维生素 C
C. 维生素 C 对治疗脱发有效
D. 水果比蔬菜含更多维生素 C

5.（　　）
A. 已经 66 岁
B. 身体严重受损
C. 是从瑞典出发的
D. 在海上漂流了 27 天

6.（　　）
A. 观众很多
B. 座位空着
C. 位置合适
D. 没有座位

7.（　　）

A. 让观众了解劳模精神

B. 让观众了解工匠精神

C. 让观众感受会议气氛

D. 让观众感受时代气息

8.（　　）

A. 专、新、精

B. 专、精、创

C. 精、严、创

D. 严、新、专

9.（　　）

A. 拥有很多院士科学家

B. 拥有一流的科研设备

C. 拥有很多勤奋好学的学生

D. 拥有国内外知名的地学学科群

10.（　　）

A. 地质学专家教授

B. 知名的地学学科

C. 扩大发展的资金

D. 其他学科的同步繁荣

11.（　　）

A. 全面发展

B. 无法发展

C. 一直落后

D. 有所突破

12.（　　）

A. 扩大外地招生

B. 增加最新专业

C. 形成自己的特色

D. 学习其他综合性大学

二、根据录音内容，笔答下列问题

13. ______________________________

14. ______________________________

15. ______________________________

16. ______________________________

17. ______________________________

18. ______________________________

19. ______________________________

20. ______________________________

21. ______________________________

扫一扫，听录音

第5课 文化才是民族的故事

热身

1. 誉为	yù wéi	7. 慎重	shènzhòng
2. 立誓	lì//shì	8. 扑鼻	pūbí
3. 死里逃生	sǐlǐtáoshēng	9. 苦涩	kǔsè
4. 火辣辣	huǒlàlà	10. 断定	duàndìng
5. 口干舌燥	kǒugān-shézào	11. 博大精深	bódà-jīngshēn
6. 就近	jiùjìn	12. 始料未及	shǐliàowèijí

饮茶的起源

连续听两遍录音，选择正确答案

1. 神农氏为什么要尝遍百草？（　　）
   A. 制茶　　B. 品茶
   C. 制药　　D. 酿酒
2. 神农氏为什么找水源？（　　）
   A. 解毒　　B. 配药
   C. 解渴　　D. 清洗
3. 神农氏依靠什么知道绿叶无毒？（　　）
   A. 经验　　B. 气味
   C. 品尝　　D. 观察
4. “始料未及”是什么意思？（　　）
   A. 不知道　　B. 不了解
   C. 不能达到　　D. 没有想到

精听

1. 柏拉图	Bólātú	12. 底气	dǐqì
2. 气色	qìsè	13. 南浔	Nánxún
3. 骨子	gǔzi	14. 痴	chī
4. 莱比锡	Láibǐxī	15. 孤本	gūběn
5. 保时捷	Bǎoshíjié	16. 善本	shànběn
6. 巴赫	Bāhè	17. 批示	pīshì
7. 瓦格纳	Wǎgénà	18. 轰击	hōngjī
8. 门德尔松	Méndé'ěrsōng	19. 流芳百世	liúfāng-bǎishì
9. 如数家珍	rúshǔjiāzhēn	20.《富春山居图》	Fùchūn Shānjū Tú
10. 音符	yīnfú	21. 黄公望	Huáng Gōngwàng
11. 故居	gùjū	22. 烟消云散	yānxiāo-yúnsàn

文化才是民族的故事

一、听第一遍录音，回答下列问题

1. 说话人是怎么把民族比喻成人的？
2. 莱比锡是一个怎样的城市？
3. 莱比锡市长为什么有底气打造出一座国际著名城市？
4. 藏书楼为什么成为著名的古迹？
5.《富春山居图》是在哪里画成的？

二、听第二遍录音，选择正确答案

1. 说话人认为什么是“民族的故事”？（ ）

A. 财富　　B. 历史

C. 古迹　　D. 文化

2. 根据这段话，下列哪项与德国莱比锡无关？（ ）

A. 巴赫　　B. 藏书阁

C. 瓦格纳　　D. 门德尔松

3.“如数家珍”是什么意思？ （　　）

A. 羡慕别人家里有很多宝贝　　B. 家里的珍宝多，数不过来

C. 仔细地数清楚珍珠的数量　　D. 像数家里的珍宝一样熟悉

4. 黄公望在哪里画的《富春山居图》？ （　　）

A. 深山老林　　B. 闹市中心

C. 宫廷画室　　D. 友人居所

三、再听一遍录音，判断下列句子正误

1. GDP、钱等只相当于人的外表，文化才是内涵。 （　　）
2. 莱比锡人认为保时捷比音乐家更有名。 （　　）
3. 巴赫创建了莱比锡音乐学院。 （　　）
4. 莱比锡的街道上有许多金属做成的音符，那是去音乐学院的路标。 （　　）
5. 莱比锡市长致力于把莱比锡打造成德国东部的著名城市。 （　　）
6. 浙江南浔古镇的藏书楼藏有 17 万册书。 （　　）
7. 富阳因为《富春山居图》而变得很有名。 （　　）

四、听后说

“只有民族的才是世界的”，你如何理解这句话？

泛听

1. 国粹	guócuì	11. 谭鑫培	Tán Xīnpéi
2. 渊源	yuānyuán	12. 流派	liúpài
3. 轨迹	guǐjì	13. 绢	juàn
4. 乾隆	Qiánlóng	14. 宣纸	xuānzhǐ
5. 徽班	Huībān	15. 帛	bó
6. 昆曲	kūnqǔ	16. 装裱	zhuāngbiǎo
7. 秦腔	qínqiāng	17. 卷轴	juànzhóu
8. 虚拟	xūnǐ	18. 篆刻	zhuànkè
9. 程式	chéngshì	19. 阴阳	yīnyáng
10. 程长庚	Chéng Chánggēng	20. 辨证	biànzhèng

我国的三大国粹

一、连续听两遍录音，回答下列问题

1. 我国的“三大国粹”指的是什么？
2. 京剧有多少年的历史了？
3. 京剧是怎么形成的？
4. 国画分为哪三大类？
5. 国画的精神内核是什么？
6. 中医的基本理论体系是什么？
7. 中医判断疾病的手段是什么？
8. 中医的“八纲辨证”是指哪八个方面？

二、听后说

除了“三大国粹”外，我国还有丰富的民间艺术，你了解哪些？请说一说。

强化训练

一、根据录音内容，选择正确答案

1.（　　）

A. 京津冀地区发展不足

B. 长三角金融机构最多

C. 珠三角第三产业欠发达

D. 重庆、成都有望成为大都市经济区

2.（　　）

A. 军情六处负责王室安全

B. 军情六处成立于 1999 年

C. 约翰·索沃斯 28 号辞职

D. 军情六处隶属英国外交部

3.（　　）

A. 观赏性强

B. 派系较多

C. 起源于中国

D. 唐代开始出现

4.（　　）

A. 是新增补的专业

B. 属于艺术类专业

C. 2015 年开始招生

D. 这个专业很热门

5.（　　）

A. 内格罗河的水位上升

B. 亚马孙河是内格罗河的支流

C. 厄尔尼诺现象导致降水猛增

D. 亚马孙河沿岸村镇干旱缺水

6.（　　）

A. 是一本自传

B. 已经写完了

C. 侧重写童年经历

D. 主要写漂泊经历

7.（ ）

A. 40 岁时开始写诗

B. 曾经做过翻译工作

C. 从出生到 20 岁主要在办杂志

D. 在 60 岁时开始成为自由职业者

8.（ ）

A. 他迷路了

B. 北京变化太大了

C. 找不到自己的家门了

D. 和北京的朋友失去联系了

9.（ ）

A. 又称为“团圆节”

B. 是贵族和文人的节日

C. 到了宋代才成为固定节日

D. 与它有关的传说只有三个

10.（ ）

A. 古代帝王已经有了祭月的礼制

B. 贵族和文人祭月是效仿了帝王

C.《周礼》中已经有关于中秋节的记载

D. 赏月、拜月的习俗慢慢从帝王传到民间

11.（ ）

A. 周

B. 唐

C. 宋

D. 明清

12.（ ）

A. 嫦娥奔月

B. 鹊桥相会

C. 玉兔捣药

D. 吴刚伐桂

二、根据录音内容，笔答下列问题

13. ______________________________

14. ______________________________

15. ______________________________

16. ______________________________

17. ______________________________

18. ______________________________

19. ______________________________

20. ______________________________

21. ______________________________

扫一扫，听录音

第6课 最好的老师就是阅读

热身

1. 倡议	chàngyì	5. 主旨	zhǔzhǐ
2. 不可或缺	bùkě-huòquē	6. 宣言	xuānyán
3. 致力于	zhìlì yú	7. 出版	chūbǎn
4. 知识产权	zhīshi chǎnquán		

世界读书日

连续听两遍录音，选择正确答案

1. 1972 年，联合国教科文组织发出什么倡议？（　　）
   A. 开展阅读活动　　B. 打造阅读社会
   C. 走向阅读社会　　D. 创建文明社会
2. 世界读书日是几月几日？（　　）
   A. 2 月 23 日　　B. 3 月 24 日
   C. 4 月 23 日　　D. 5 月 24 日
3. 世界读书日除了提倡人们读书，还特别强调什么？（　　）
   A. 保护知识产权　　B. 注重读书效率
   C. 保护企业文化　　D. 注重生活品质
4. 关于世界读书日，下面哪项不正确？（　　）
   A. 这期间常开展丰富的活动
   B. 宣传活动成为热闹的节庆
   C. 参与此项活动的国家不超过 100 个
   D. 这期间很多机构团体积极鼓励人们阅读

精听

1. 淡薄	dànbó	11. 读物	dúwù
2. 屈指可数	qūzhǐ-kěshǔ	12. 快感	kuàigǎn
3. 绘图	huìtú	13. 头衔	tóuxián
4.《封神演义》	Fēngshén Yǎnyì	14. 改观	gǎiguān
5. 推磨	tuī mò	15. 马尔克斯	Mǎ'ěrkèsī
6. 收藏	shōucáng	16.《百年孤独》	Bǎinián Gūdú
7. 记忆犹新	jìyì-yóuxīn	17. 魔幻主义	móhuàn zhǔyì
8. 替代	tìdài	18. 激活	jīhuó
9. 刊物	kānwù	19. 耻辱	chǐrǔ
10. 从事	cóngshì	20. 捷径	jiéjìng

最好的老师就是阅读

一、听第一遍录音，回答下列问题

1. 关于读书，说话人总结出的经验是什么？
2. 说话人到了部队后是怎么读书的？
3. 说话人为什么说“宁愿不要‘作家’这个头衔”？
4. 说话人的创作受到哪位作家的影响？
5. 对于年轻人来说，“最好的老师”是什么？
6. 对初学写作的人，说话人为什么提倡模仿？

二、听第二遍录音，选择正确答案

1. 说话人说现在最大的痛苦是什么？（　　）
   A. 没书读　　B. 书很少
   C. 书太多　　D. 没空儿读
2. “屈指可数”是什么意思？（　　）
   A. 数量少　　B. 数量多
   C. 数不过来　　D. 很容易数
3. 为了读《封神演义》，说话人去同学家做什么？（　　）
   A. 打扫　　B. 推磨
   C. 看书　　D. 推车

4. 说话人觉得自己哪方面几乎是空白？（　　）

A. 科学　　B. 艺术

C. 体育　　D. 外语

三、再听一遍录音，判断下列句子正误

1. 说话人小时候读的书，现在都记不住了。（　　）
2. 说话人在部队时常常去县城图书馆借科学书籍。（　　）
3. 说话人考到解放军艺术学院以后开始创作小说。（　　）
4. 阅读对说话人的人生发展有不可替代的作用。（　　）
5. 通过自学成为作家的过程是很享受的。（　　）
6. 说话人是小说家，阅读的主要内容就是古今中外的小说。（　　）
7. 说话人的创作受到了魔幻主义创作风格的影响。（　　）
8. 一个人的语言风格跟个人对语言的感受无关。（　　）

四、听后说

你有什么样的阅读习惯？哪本书对你的影响最大？请说一说。

泛听

1. 终身	zhōngshēn	9. 嗅觉	xiùjué
2. 众所周知	zhòngsuǒzhōuzhī	10. 优劣	yōuliè
3. 刻意	kèyì	11. 倾心	qīngxīn
4. 自然而然	zìrán'érrán	12. 心智	xīnzhì
5. 蕴含	yùnhán	13. 倘若	tǎngruò
6. 求知欲	qiúzhīyù	14. 蓝图	lántú
7. 热衷	rèzhōng	15. 遗漏	yílòu
8. 鉴赏	jiànshǎng		

做一个终身读者

一、连续听两遍录音，回答下列问题

1. “读书”和“人类的精神文明成果”之间有什么关系？

2. 伟大人物往往还具备什么身份？
3. 从某种意义讲，一个民族的精神素质取决于什么？
4. 一个真正的读者应该怎么做？
5. 读书的爱好是怎么养成的？
6. 对书的判断力和鉴赏力是怎么来的？
7. 要想成为一个真正的读者，关键时期是什么时候？
8. 说话人对青少年的祝愿是什么？

二、听后说

你喜欢读书吗？读书带给了你什么变化？请结合自己的实际情况谈一谈。

强化训练

一、根据录音内容，选择正确答案

1. （ ）
A. 喜欢笑的人离婚率低
B. 不爱笑的人不宜结婚
C. 爱笑的人富有亲和力
D. 不爱笑的人不会长寿

2. （ ）
A. 已经成为一个小城
B. 惠更斯是前任校长
C. 牛顿毕业于莱顿大学
D. 是现任荷兰女王的母校

3. （ ）
A. 方便学校开设相关课程
B. 让孩子从小学习古代文学
C. 使父母与孩子的关系更亲密
D. 训练记忆力并提高传统文化素养

4. （ ）
A. 现在是儒家书院
B. 由岳麓书院发展而来
C. 是世界最古老的大学
D. 与成均馆大学的发展模式不同

5. （ ）
A. 生长于浅滩
B. 在雨季后播种
C. 是特殊生态系统
D. 有净化海水的作用

6. （ ）
A. 激动
B. 茫然
C. 踏实
D. 没感觉

7.（　　）

A. 是经营企业的要求

B. 学完更加急功近利

C. 学完后没有什么改变

D. 对经营管理企业有启示

8.（　　）

A. 平均分配

B. 工作时间多一些

C. 生活时间多一些

D. 工作时间也是生活时间

9.（　　）

A. 学生自主管理

B. 学校统一管理

C. 一个班主任管理

D. 两个班主任管理

10.（　　）

A. 互相矛盾

B. 推诿责任

C. 关系不和

D. 管理不严格

11.（　　）

A. 制定班主任考核细则

B. 举办班主任工作研讨会

C. 实行一班两人管理制度

D. 每月举行一次班主任例会

12.（　　）

A. 改变了老师的工作作风

B. 老师能用言行来感染学生

C. 教师队伍的奉献精神加强

D. 学生的学习积极性提高了

二、根据录音内容，笔答下列问题

13. ____________________

14. ____________________

15. ____________________

16. ____________________

17. ____________________

18. ____________________

19. ____________________

20. ____________________

21. ____________________

扫一扫，听录音

第7课 低碳旅游

热身

1. 碳	tàn	6. 默认	mòrèn
2. 足迹	zújì	7. 瓦	wǎ
3. 能源	néngyuán	8. 白炽灯	báichìdēng
4. 耗用	hàoyòng	9. 宜	yí
5. 元凶	yuánxiōng		

碳 足 迹

连续听两遍录音，选择正确答案

1. 关注碳足迹的目的是什么？ （　　）

A. 保护自己　　B. 珍惜能源

C. 了解科学　　D. 提高能力

2. 碳耗用多会产生什么后果？ （　　）

A. 地形变化　　B. 财物损失

C. 人口下降　　D. 地球变暖

3. 这段话中，“元凶”是什么意思？ （　　）

A. 灾祸的主要原因　　B. 灾祸的重要表现

C. 事情的主要责任　　D. 事情的重要部分

4. 以下哪项可以减少碳足迹？ （　　）

A. 打印时使用一面　　B. 不使用办公室的电灯

C. 把教室的灯泡换为节能灯泡　　D. 夏天调低空调的温度，冬天调高

精听

1. 顾名思义	gùmíng-sīyì	9. 标识	biāoshí
2. 排放	páifàng	10. 另辟蹊径	lìng pì xījìng
3. 能耗	nénghào	11. 走马观花	zǒumǎ-guānhuā
4. 调研	diàoyán	12. 皮毛	pímáo
5. 融入	róngrù	13. 力所能及	lìsuǒnéngjí
6. 再生	zàishēng	14. 凸显	tūxiǎn
7. 消耗	xiāohào	15. 沦为	lúnwéi
8. 帆布	fānbù	16. 储藏室	chǔcángshì

低 碳 旅 游

一、听第一遍录音，回答下列问题

1. 什么是“低碳旅游”？
2. 要想低碳旅游，需要做到哪几个方面？
3. 旅游前为什么最好了解一下目的地的情况？
4. 低碳旅游时应选择什么样的酒店？
5. 旅游时带一个帆布小包有什么用？
6. 说话人认为最好的旅游方式是什么样的？
7. 购买旅游纪念品的时候要考虑什么？
8. 低碳旅游很难做到吗？

二、听第二遍录音，选择正确答案

1. 说话人提倡通过什么渠道了解目的地的情况？（　　）
   A. 咨询　　B. 朋友
   C. 书籍　　D. 网络
2. 使用充电电池的好处是什么？（　　）
   A. 减少污染　　B. 消耗量大
   C. 节约能源　　D. 省钱环保
3. 根据这段话，以下哪项物品旅游时不必自带？（　　）
   A. 水杯　　B. 充电电池
   C. 帆布小包　　D. 纸质地图

4. 根据这段话，以下哪种旅游方式是说话人提倡的？ （ ）

A. 无车旅游　　B. 另辟蹊径

C. 一次玩遍　　D. 走马观花

三、再听一遍录音，判断下列句子正误

1. 到了目的地后再了解当地的文化、习俗比较好。 （ ）
2. 旅游时最好选择旅游旺季和公共假期。 （ ）
3. 选择新酒店是因为其建筑设计更加符合年轻人的需求。 （ ）
4. 一次性玩遍对环境有破坏作用。 （ ）
5. 为了干净卫生，旅游的时候尽量选择一次性物品。 （ ）
6. 旅游时应该尽量跟着指示牌标识的路线行走。 （ ）
7. 为了专注游玩，旅游的时候不要做任何与游玩无关的事。 （ ）
8. 购买旅游纪念品的时候不要冲动。 （ ）

四、听后说

请拟一份“低碳旅游”的计划表，包括目的地、出行方式、所带物品等。拟完跟大家交流一下。

泛听

1. 重	chóng	11. 职能	zhínéng
2. 术语	shùyǔ	12. 调控	tiáokòng
3. 废物	fèiwù	13. 微观	wēiguān
4. 方阵	fāngzhèn	14. 齐抓共管	qí zhuā gòng guǎn
5. 回收	huíshōu	15. 转基因	zhuǎnjīyīn
6. 固体	gùtǐ	16. 濒临	bīnlín
7. 滥伐	lànfá	17. 灭绝	mièjué
8. 放牧	fàngmù	18. 栖息	qīxī
9. 开荒	kāi//huāng	19. 间接	jiànjiē
10. 宏观	hóngguān		

环境保护三重含义

一、连续听两遍录音，回答下列问题

1. 我国什么时候改用“环境保护”这一概念的？
2. 环境保护包含哪三个层面的意思？
3. 保护自然环境主要依靠谁？
4. 在微观层面如何保护环境？
5. 保护地球生物包括哪些方面？
6. 这三个层面具有什么关系？

二、听后说

作为一个公民，我们在日常生活中应该怎么保护环境？谈谈你的看法。

强化训练

一、根据录音内容，选择正确答案

1.（　　）
A. 研究论文尚未发表
B. 狗比别的动物都聪明
C. 人脑神经细胞数量为 160 亿个
D. 猫大脑皮层神经细胞的数量比狗多

2.（　　）
A. 室内养花多多益善
B. 可以按照喜好选择
C. 室内养花可以美化环境
D. 浓香的花可以净化空气

3.（　　）
A. 郑和宝船长约 135 米
B. 明代造船水平世界第一
C. 郑和宝船甲板面积约两个足球场大
D. 郑和宝船由郑和亲自设计和监督制造

4.（　　）
A. 全球变暖将威胁很多岛国
B. 全球变暖将导致人口剧增
C. 全球变暖导致海平面上升
D. 非洲、澳大利亚可能出现极端干旱

5.（　　）
A. 这件事发生在美国
B. 酒后驾车的是 13 岁的少年
C. 驾车人因为年龄小而免受处罚
D. 警方是在高速公路上发现这辆车的

6.（　　）
A. 位于北京市内
B. 目前土地沙化严重
C. 现在成了“绿色长城”
D. 获得了“地球卫士奖”

7.（ ）

A. 木材产量增加了

B. 土地沙化严重了

C. 风沙可刮入北京了

D. 森林覆盖率提高了

8.（ ）

A. 对环境的改造刚刚起步

B. 做出了史无前例的努力

C. 是重要的领导力量之一

D. 让贫瘠沙地变成了绿水青山

9.（ ）

A. 气体污染物

B. 粉尘污染物

C. 重金属污染物

D. 轻金属污染物

10.（ ）

A. 缓慢而深远

B. 迅速而深远

C. 迅速而短暂

D. 缓慢而短暂

11.（ ）

A. 普通垃圾

B. 无害垃圾

C. 危险垃圾

D. 可回收垃圾

12.（ ）

A. 60

B. 600

C. 6000

D. 60000

二、根据录音内容，笔答下列问题

13. ______________________________

14. ______________________________

15. ______________________________

16. ______________________________

17. ______________________________

18. ______________________________

19. ______________________________

20. ______________________________

21. ______________________________

扫一扫，听录音

第 8 课 这些能力很重要

热身

1. 修正	xiūzhèng	5. 领悟	lǐngwù
2. 觉悟	juéwù	6. 指点	zhǐdiǎn
3. 充盈	chōngyíng	7. 探讨	tàntǎo
4. 老生常谈	lǎoshēng-chángtán	8. 碰撞	pèngzhuàng

什么是学习能力

连续听两遍录音，选择正确答案

1. 学习能力不仅仅指什么？（ ）

   A. 修正思想　　B. 提高觉悟

   C. 获取新知　　D. 在校成绩

2. 获得思想的极佳途径之一是什么？（ ）

   A. 读书　　B. 阅人

   C. 旅游　　D. 上网

3. “阅人”不包括什么？（ ）

   A. 分析　　B. 判断

   C. 学习　　D. 碰撞

4. 下列哪项不属于本文的观点？（ ）

   A. 读万卷书，行万里路　　B. 阅人无数，名师指路

   C. 少壮不努力，老大徒伤悲　　D. 学而不思则罔，思而不学则殆

精听

1. 顺畅	shùnchàng	10. 盲目	mángmù
2. 缜密	zhěnmì	11. 人云亦云	rényún-yìyún
3. 逻辑	luójí	12. 权威	quánwēi
4. 涵养	hányǎng	13. 崛起	juéqǐ
5. 懊悔	àohuǐ	14. 善待	shàndài
6. 畅想	chàngxiǎng	15. 状元	zhuàngyuan
7. 挣脱	zhèngtuō	16. 招牌	zhāopai
8. 栅栏	zhàlan	17. 自律	zìlǜ
9. 根深蒂固	gēnshēn-dìgù	18. 占上风	zhàn shàngfēng

这些能力很重要

一、听第一遍录音，回答下列问题

1. 用语言准确表达想法为什么很难？
2. 独处的时候怎样做才能充实、快乐？
3. “羊群效应”是指什么？
4. 面对很难实现的目标，应该怎么做？
5. 怎样才能“与众不同”？
6. 什么是“自律”？

二、听第二遍录音，选择正确答案

1. 关于用语言准确表达想法需要的能力，下列哪项不正确？（　　）

A. 敢于表达　　B. 建立人际关系

C. 口语组织能力　　D. 逻辑思维能力

2. “根深蒂固”是什么意思？（　　）

A. 树很多，长得高大　　B. 基础深，不易改变

C. 根很多，错综复杂　　D. 根很深，果实很多

3. 会讲故事可以带来什么好处？（　　）

A. 被记住　　B. 被赞美

C. 被关心　　D. 被接纳

4. 实现梦想的前提是什么？ (   )

A. 坚持　　B. 努力

C. 勇敢　　D. 自律

三、再听一遍录音，判断下列句子正误

1. 要想准确、顺畅地与人进行语言沟通很容易。 (   )
2. 独处的能力是指独自一人的时候也能过得充实快乐。 (   )
3. “羊群效应”在很多人身上都有体现。 (   )
4. 面对不如意的事情，能够接受教训，就一定能成功。 (   )
5. 确定了目标就要一直努力下去，直到成功。 (   )
6. 会讲故事也是一种很有用的能力。 (   )
7. 说话人建议在热门领域要做得比别人都好，成为“状元”。 (   )
8. 自律就是让你的情绪决定你的行为。 (   )

四、听后说

对照这段话，反观自身，说一说自己已经具备了哪些能力，还欠缺哪些能力。

泛听

1. 临终	línzhōng	3. 通行证	tōngxíngzhèng
2. 角色	juésè	4. 支柱	zhīzhù

树立终身学习的观念

一、连续听两遍录音，回答下列问题

1. 1994 年 11 月在意大利罗马召开了什么会议？
2. 会议上有人提出什么观点？
3. 终身学习是指什么样的生活方式？
4. 人类的知识总量的发展趋势是什么样的？
5. “活到老，学到老”是什么意思？
6. 21 世纪的通行证是什么？

7. 终身学习包括哪四个方面？

8. 什么样的人才能适应当代的社会发展？

二、听后说

毕业后你打算还学些什么？你打算怎么“终身学习”？

强化训练

一、根据录音内容，选择正确答案

1.（　　）
A. 应大力发展新兴产业
B. 新兴产业会刺激消费
C. 新兴产业可带动就业
D. 新能源产业属于新兴产业

2.（　　）
A. 就业压力增大
B. 考研人数略降
C. 高校招生减少
D. 在职考研增多

3.（　　）
A. 各成员国要统一费率
B. 收取污染费是为了环保
C. 对所有汽车都收取污染费
D. 各成员国 15 号开始收取污染费

4.（　　）
A. 饺子都应该用开水煮
B. 速冻饺子冷水煮更好吃
C. 新包的饺子要用冷水下锅
D. 新包的饺子用开水煮容易破皮

5.（　　）
A. 地震成因已被探知
B. 黑色液体与地震有关
C. 人类应该专注于探索宇宙
D. 科学家深入研究了黑色液体

6.（　　）
A. 演员
B. 记者
C. 教师
D. 歌手

7.（　　）
A. 压力大
B. 没有经验
C. 年轻没有机会
D. 害怕失败不敢尝试

8.（　　）
A. 很爱妈妈
B. 满意自己的现状
C. 认为自由高于一切
D. 刚开完一场自己的演唱会

9.（　　）

A. 多喝饮料

B. 餐前饮水

C. 餐中饮水

D. 餐后饮水

10.（　　）

A. 不摄入热量

B. 产生饱腹感

C. 吃饭会少些

D. 精力会更充沛

11.（　　）

A. 白开水

B. 低碳饮料

C. 天然饮料

D. 高糖饮料

12.（　　）

A. 尽量少喝

B. 不要喝凉水

C. 女性多喝可美容

D. 有口渴感觉就喝水

二、根据录音内容，笔答下列问题

13. ______________________________

14. ______________________________

15. ______________________________

16. ______________________________

17. ______________________________

18. ______________________________

19. ______________________________

20. ______________________________

21. ______________________________

扫一扫，听录音

第9课 阶段测试（上）

第一部分

说明：听录音，在ABCD四个书面答案中选择唯一恰当的答案。

1.（　　）

A. 姐姐更爱护妹妹

B. 妹妹会支持姐姐

C. 姐妹也会有矛盾

D. 有姐妹的人性格乐观

2.（　　）

A. 只表彰青年科学家

B. 颁发奖金已超过2亿美元

C. 此次获奖的中国数学家已从北京大学毕业

D. 此次获奖的中国数学家本科期间已有所成就

3.（　　）

A. 中国的大蒜主要靠进口

B. 以色列的西红柿全球最贵

C. 未来两年价格达到平衡点

D. 气候和投机影响食品价格

4.（　　）

A. 证书考试难度大

B. 证书持有者薪酬待遇非常好

C. 财会领域的职位都需要该证书

D. 五年内通过六门考试才能拿到

5.（　　）

A. 每个人生来就具有领导力

B. 家长要正确领导管理孩子

C. 领导力只属于成人和职场

D. 领导自我是领导他人的基础

6.（　　）

A. 体现苗族文化

B. 家家佩戴银饰

C. 吊脚楼历史悠久

D. 有300个苗族村寨

7.（　　）

A. 历史古迹众多

B. 得名于“台北府”

C. 是台湾核心城市

D. 是台湾人口最多的城市

8.（　　）

A. 有12个核心区域

B. 经济产业较为单一

C. 由台北及周边城市组成

D. 有台湾最大规模的公司

9.（ ）
A. 服务业
B. 金融业
C. 电信业
D. 旅游业

10.（ ）
A. 2
B. 3
C. 4
D. 5

11.（ ）
A. 学生兴趣
B. 资金投入
C. 社会资源
D. 社会需求

12.（ ）
A. 研究型院校
B. 实用型院校
C. 普及型院校
D. 世界一流大学

13.（ ）
A. 山峰下降
B. 冰川退缩
C. 雪线上升
D. 二氧化碳的增产效应

14.（ ）
A. 1.3 米
B. 1.8 米
C. 2.0 米
D. 2.6 米

15.（ ）
A. 全球变暖
B. 人口膨胀
C. 退耕还林
D. 滥采地下水

16.（ ）
A. 源自一场爱国运动
B. 是北京青年的节日
C. 这天有不同寻常的意义
D. 在每年的 5 月 4 日这天

17.（ ）
A. 灯笼
B. 爆竹
C. 春联
D. 月饼

18.（ ）
A. 歌颂人民　礼赞祖国
B. 感受生活　体现智慧
C. 回望历史　展望未来
D. 引领潮流　创新科技

第 二 部 分

说明：连续听两遍录音，回答下列问题。

没有一种给予是理所当然的

1. 老人回到家乡后，产生了什么想法？

2. 老人为什么给校长们写信？
3. 家人怎么看待老人的行为？
4. 老人送给名单上的学生们什么礼物？
5. 书寄出去以后，老人常常做什么？
6. 老人为什么兴奋得大喊？
7. 家人明白了什么？
8. 这个故事想要告诉我们什么？

扫一扫，听录音

第10课 唤醒生命

热身

1. 斑马线	bānmǎxiàn	4. 屏障	píngzhàng
2. 挪	nuó	5. 礼让	lǐràng
3. 颤动	chàndòng	6. 缩影	suōyǐng

四十五秒

连续听两遍录音，选择正确答案

1. 事情发生在什么时候？（　　）
   A. 上班早高峰　B. 下班晚高峰
   C. 高峰限行期　D. 堵车高峰期
2. 事情发生在哪儿？（　　）
   A. 马路一侧　B. 过街天桥
   C. 人行横道　D. 公交车站
3. 司机们是怎么做的？（　　）
   A. 缓慢通过　B. 等待绿灯
   C. 停车礼让　D. 鸣笛示意
4. 这件事体现了什么？（　　）
   A. 诚信　B. 文明
   C. 守时　D. 秩序

精听

1. 唤醒	huànxǐng	3. 闲暇	xiánxiá
2. 宽裕	kuānyù	4. 游历	yóulì

5. 赖以	làiyǐ	13. 蜷缩	quánsuō
6. 故障	gùzhàng	14. 寻觅	xúnmì
7. 沉寂	chénjì	15. 霎时间	shàshíjiān
8. 空旷	kōngkuàng	16. 虚弱	xūruò
9. 所剩无几	suǒshèng-wújǐ	17. 挽救	wǎnjiù
10. 险恶	xiǎn'è	18. 风干	fēnggān
11. 袭	xí	19. 拳头	quántou
12. 迷糊	míhu	20. 绝处逢生	juéchù-féngshēng

唤 醒 生 命

一、听第一遍录音，回答下列问题

1. 闲暇时，他喜欢做什么？
2. 到达青藏高原以后，他的车怎么了？
3. 在困境中，他是怎么做的？
4. 他被什么声音吵醒？
5. 他如何对待风干的小鸟？
6. 真正救了他的是谁？

二、听第二遍录音，选择正确答案

1. “食物和水已所剩无几”是什么意思？（　　）
   A. 食物和水数量不多　　B. 食物和水重量不足
   C. 食物和水质量不好　　D. 食物和水完全没了
2. 食物吃完时的天气情况怎么样？（　　）
   A. 阳光明媚　　B. 秋高气爽
   C. 风雪交加　　D. 微风细雨
3. 他在什么情况下哭了？（　　）
   A. 看到了车队　　B. 得到了帮助
   C. 找到了故障　　D. 听到了鸟声
4. 最后是什么救了他？（　　）
   A. 不懈的等待　　B. 坚持的毅力
   C. 求生的欲望　　D. 生存的智慧

三、再听一遍录音，判断下列句子正误

1. 他爱好旅行，常常自驾游。（ ）
2. 前不久，他自己开车去了离家 2000 多千米的西藏。（ ）
3. 一开始他就找到了车子发生故障的原因。（ ）
4. 他认为，只要原地等待，就一定能有车队经过。（ ）
5. 那是个地广人稀的地方，他的处境非常危险。（ ）
6. 他等了五天，所带的食物已经吃完了。（ ）
7. 他看到车前方趴着一只不知名的小鸟。（ ）
8. 经过这里的牧民帮助他修好了车。（ ）

四、听后说

“救他的还是他自己”，谈谈你对这句话的理解。请举例说一说在自己的生活中遇到困难时的心路历程。

泛听

1. 株	zhū	10. 合拢	hélǒng
2. 含羞草	hánxiūcǎo	11. 优雅	yōuyǎ
3. 护工	hùgōng	12. 分辨	fēnbiàn
4. 不辞而别	bùcí’érbié	13. 排斥	páichì
5. 指责	zhǐzé	14. 由衷	yóuzhōng
6. 苛刻	kēkè	15. 侵犯	qīnfàn
7. 斥责	chìzé	16. 刻薄	kèbó
8. 教养	jiàoyǎng	17. 扪心自问	ménxīn-zìwèn
9. 审视	shěnshì		

不要做那株含羞草

一、连续听两遍录音，回答下列问题

1. 老太太为什么需要护工？
2. 应聘的人都有什么表现？

3. 那位女孩儿和老太太相处得怎么样？
4. 老太太批评女孩儿什么？
5. 老太太对女孩儿的批评对吗？
6. 面对批评，女孩儿的态度是怎样的？
7. 老太太的女儿是如何赞美女孩儿的？
8. 在批评面前，我们应该怎么做？

二、听后说

如何理解“良药苦口利于病，忠言逆耳利于行”？

强化训练

一、根据录音内容，选择正确答案

1.（　　）
A. 古人很重视诚信
B. 能赢得他人信任
C. 只对个人有效用
D. 是人际交往的关键

2.（　　）
A. 红茶要注意贮存条件
B. 茶多酚有抗氧化作用
C. 茶黄素会随时间流逝减少
D. 绿茶和红茶的制作工艺不同

3.（　　）
A. 早上洗澡好
B. 晚上洗澡好
C. 空腹洗澡好
D. 洗澡耗能量

4.（　　）
A. 好作品
B. 好老师
C. 好演绎
D. 好解读

5.（　　）
A. 加强合作才能有更大发展
B. 高等教育全球化趋势明显
C. 国际化是未来教育的热点
D. 具有国际视野是必备能力

6.（　　）
A. 互动真人秀节目
B. 名人访谈类节目
C. 新闻热点类节目
D. 音乐文化类节目

7.（　　）

A. 名人推荐

B. 多地探访

C. 当地申报

D. 全国选秀

8.（　　）

A. 展现原创音乐特点

B. 介绍推广著名歌手

C. 为乐队提供展示平台

D. 加深观众对乐队文化的了解

9.（　　）

A. 一线城市

B. 花园城市

C. 田园城市

D. 小型城市

10.（　　）

A. 规模小

B. 国际化

C. 慢节奏

D. 生态化

11.（　　）

A. 只是特例

B. 已有很多

C. 不被认可

D. 逐渐消失

12.（　　）

A. 云大会

B. 戏剧节

C. 木心美术馆

D. 互联网大会

二、根据录音内容，笔答下列问题

13. ______________________________

14. ______________________________

15. ______________________________

16. ______________________________

17. ______________________________

18. ______________________________

19. ______________________________

20. ______________________________

21. ______________________________

扫一扫，听录音

第 11 课 职业生涯规划

热身

1. 从业	cóngyè	7. 薪酬	xīnchóu
2. 嗅觉	xiùjué	8. 底薪	dǐxīn
3. 手臂	shǒubì	9. 提成	tíchéng
4. 协调	xiétiáo	10. 效益	xiàoyì
5. 经营	jīngyíng	11. 兼职	jiānzhí
6. 前景	qiánjǐng	12. 花式	huāshì

咖 啡 师

连续听两遍录音，选择正确答案

1. 关于咖啡师这一职业，下面哪项不正确？ （ ）
   A. 应了解咖啡文化　B. 应熟悉制作方法
   C. 应掌握制作技巧　D. 就业的门槛较高
2. 咖啡的制作技术需要学习多长时间？ （ ）
   A. 一个月左右　B. 三个月左右
   C. 半年左右　D. 一年左右
3. 咖啡师的就业前景怎么样？ （ ）
   A. 不好　B. 一般
   C. 很好　D. 不确定
4. 根据这段话，对咖啡师的要求不包括下面哪项？ （ ）
   A. 要有好心情　B. 要有好手感
   C. 要有所创新　D. 要有好机器

精听

1. 生涯	shēngyá	11. 高不可攀	gāobùkěpān
2. 规划	guīhuà	12. 脱离	tuōlí
3. 瞻望	zhānwàng	13. 空想	kōngxiǎng
4. 翔实	xiángshí	14. 领航	lǐngháng
5. 分解	fēnjiě	15. 抖擞	dǒusǒu
6. 凭空	píngkōng	16. 起跑线	qǐpǎoxiàn
7. 臆造	yìzào	17. 奠定	diàndìng
8. 知己	zhī jǐ	18. 鞭策	biāncè
9. 知彼	zhī bǐ	19. 督促	dūcù
10. 虚幻	xūhuàn	20. 源源不断	yuányuán-búduàn

职业生涯规划

一、听第一遍录音，回答下列问题

1. 职业生涯规划是什么？
2. 职业生涯规划由哪两部分组成？
3. 怎么确立自己的职业目标？
4. 职业目标应该是什么样的？
5. 为什么说“成功要靠目标来领航”？
6. 怎么才能实现自己的职业目标？
7. 为什么要认真设计自己的职业生涯规划？
8. 规划职业生涯有什么好处？

二、听第二遍录音，选择正确答案

1. 下面哪项不是职业生涯规划应该具备的特点？（　　）

A. 方向正确　　B. 目标实在

C. 内容翔实　　D. 高不可攀

2. 下面哪项不是确立自己职业目标的依据？（　　）

A. 社会需要　　B. 行业要求

C. 自身条件　　D. 主观判断

3. 个人职业目标确立的前提是什么？（ ）

A. 符合社会发展需要　B. 符合父母家人期待

C. 符合自身发展需要　D. 符合大众价值判断

4. 为职业生涯奠定基础的关键阶段是什么？（ ）

A. 基础教育阶段　B. 高中学习时期

C. 踏入社会以后　D. 职业院校学习时期

5. 下面哪项不是实现职业理想的必要条件？（ ）

A. 方向　B. 资金

C. 动力　D. 努力

三、再听一遍录音，判断下列句子正误

1. 职业生涯设计是对个人职业前途的瞻望。（ ）
2. 职业院校的学生制订职业生涯规划为时尚早。（ ）
3. 职业理想应该有远期目标和近期目标。（ ）
4. 成功的职业生涯规划需要一定的空想。（ ）
5. 自身条件是确定目标的唯一依据。（ ）
6. 确定了职业目标以后，就不需要再调整了。（ ）
7. 要实现职业目标，必须消除依赖性和惰性。（ ）
8. 职业生涯规划中的具体措施和安排能帮助人们学会自律。（ ）

四、听后说

你的职业目标是什么？打算怎么实现？谈谈自己的职业生涯规划。

泛听

1. 运输	yùnshū	6. 回报	huíbào
2. 分支	fēnzhī	7. 扎实	zhāshi
3. 测量	cèliáng	8. 胜任	shèngrèn
4. 模拟	mónǐ	9. 大显身手	dàxiǎn-shēnshǒu
5. 区域	qūyù	10. 不菲	bùfěi

交通工程专业

一、连续听两遍录音，回答下列问题

1. 交通工程学主要研究什么问题？
2. 设立交通工程专业的目的是什么？
3. 交通工程专业的研究对象是什么？
4. 该专业的学生需要学习的内容复杂吗？
5. 该专业的学生毕业后，一般从事什么工作？
6. 该专业对学生的要求怎么样？
7. 该专业的优秀毕业生能胜任什么样的工作？
8. 该专业的对口岗位待遇怎么样？

二、听后说

模仿这篇课文介绍一下你的专业。

强化训练

一、根据录音内容，选择正确答案

1.（　　）
A. 导师都从国外引进
B. 成立于新中国成立前
C. 已经培养了 8000 多名博士
D. 推出了多导师制的培养模式

2.（　　）
A. 去皮食用
B. 洗掉农药
C. 不要去皮
D. 进行加工

3.（　　）
A. 食品减肥
B. 药物减肥
C. 手术减肥
D. 运动减肥

4.（　　）
A. 应该在夜间 0 点上床睡觉
B. 深睡眠和浅睡眠都是有效睡眠
C. 夜间 0 点到 4 点之间都是浅睡眠
D. 入睡后 1 个小时才可进入深睡眠

5.（　　）
A. 装修风格非常独特
B. 已经有一千多年历史
C. 位于城市中心繁华热闹地带
D. 设计理念是古朴与现代的结合

6.（　　）
A. 古诗
B. 名著
C. 童话故事
D. 历史类、战争类的书

7.（　　）

A. 读得越多越好
B. 适当看一些就行
C. 应由语文老师领读
D. 要在家长指导下读

8.（　　）

A. 现在的书很丰富
B. 背古诗比背文章好
C. 古文背诵很锻炼记忆力
D. 童话故事适合小学生读

9.（　　）

A. 更显年轻
B. 更显成熟
C. 可延寿 10 年
D. 关节磨损严重

10.（　　）

A. 10 ～ 30 分钟
B. 20 ～ 50 分钟
C. 30 ～ 60 分钟
D. 40 ～ 70 分钟

11.（　　）

A. 上身紧张
B. 压低身体
C. 全身放松
D. 腹式呼吸

12.（　　）

A. 省时省钱
B. 强化心脏
C. 防止高血压
D. 预防大脑老化

二、根据录音内容，笔答下列问题

13. ____
14. ____
15. ____
16. ____
17. ____
18. ____
19. ____
20. ____
21. ____

扫一扫，听录音

第12课 心在哪里，成果就在哪里

热身

1. 沮丧	jǔsàng	5. 豁然开朗	huòrán-kāilǎng
2. 利润	lìrùn	6. 海明威	Hǎimíngwēi
3. 审美	shěnměi	7. 诺贝尔	Nuòbèi'ěr
4. 赞赏	zànshǎng		

一朵玫瑰

连续听两遍录音，选择正确答案

1. 少年为什么沮丧？（　　）
   A. 没有奖赏　　B. 缺乏支持
   C. 希望落空　　D. 无事可写
2. 玫瑰对于花商意味着什么？（　　）
   A. 爱情　　B. 利润
   C. 食物　　D. 浪漫
3. 母亲对儿子说关于玫瑰的一番话目的是什么？（　　）
   A. 赞美　　B. 鼓励
   C. 批评　　D. 告诫
4. "豁然开朗"是什么意思？（　　）
   A. 性格变得开朗　　B. 天气变得晴朗
   C. 突然明白了道理　　D. 突然改变了心情

精听

1. 怪异	guàiyì	2. 漫不经心	mànbùjīngxīn

3. 突如其来	tūrú-qílái	10. 热火朝天	rèhuǒ-cháotiān
4. 吼	hǒu	11. 狐疑	húyí
5. 目不转睛	mùbùzhuǎnjīng	12. 痴迷	chīmí
6. 心思	xīnsi	13. 烹饪	pēngrèn
7. 溜达	liūda	14. 积蓄	jīxù
8. 爱不释手	àibúshìshǒu	15. 一事无成	yíshì-wúchéng
9. 揣摩	chuǎimó	16. 出类拔萃	chūlèi-bácuì

心在哪里，成果就在哪里

一、听第一遍录音，回答下列问题

1. 小丁学厨师之后，有什么变化？
2. 小丁的大部分心思放在哪里？
3. 小丁痴迷于烹饪有哪些表现？
4. 小丁为什么能够自己开店了？
5. 小丁的师傅告诉他什么话？

二、听第二遍录音，选择正确答案

1. 小丁想看什么电视节目？（　　）

A. 综艺节目　　B. 新闻节目
C. 美食节目　　D. 体育节目

2. 大家聚餐时，小丁拿手机做什么？（　　）

A. 发信息　　B. 拍照片
C. 打电话　　D. 查资料

3. 关于小丁，下面哪项正确？（　　）

A. 上学时成绩很好　　B. 已经成为全国餐饮界的名人
C. 因为用心，所以厨艺进步很快　　D. 开了一家饭店，请了一个有名的厨师

4. “出类拔萃”是什么意思？（　　）

A. 与众不同　　B. 学习勤奋
C. 能力突出　　D. 智商很高

三、再听一遍录音，判断下列句子正误

1. 说话人和小丁是从小一起长大的朋友。（　　）
2. 一起看电视的时候，说话人很用心地选择电视节目。（　　）
3. 小丁学厨师以后，对所有开饭店方面的事情都很感兴趣。（　　）
4. 小丁逛街的时候会提前在网上查查特色小吃。（　　）
5. 小丁和朋友聚餐时遇到好吃的菜就会拍照留念。（　　）
6. 因为工作好几年都没升职加薪，小丁决定自己开店。（　　）
7. 小丁开店以后，就不做厨师只当老板了。（　　）
8. 小丁小时候读书就很努力，所以才有现在的一切。（　　）

四、听后说

如何理解“不疯魔不成活”这句话？

泛听

1. 触摸	chùmō	6. 较劲	jiào//jìn
2. 发誓	fā//shì	7. 消遣	xiāoqiǎn
3. 绚烂	xuànlàn	8. 周长	zhōucháng
4. 当头	dāngtóu	9. 迄今	qìjīn
5. 泼冷水	pō lěngshuǐ	10. 杨樊	Yáng Fán

触 摸 彩 虹

一、连续听两遍录音，回答下列问题

1. 6 岁的他突然喜欢上了什么？
2. 他发誓要做什么？
3. 哥哥怎么看待他的梦想？
4. 20 岁时他取得了什么成就？
5. 2001 年，他吹出了多少层的多层圆泡？
6. 他曾将多少个人装进了一个完整的“超级泡泡”里？
7. 他创造的持续时间最长的泡泡纪录是几分钟？

8. 迄今为止，他一共打破了多少项吹泡泡世界纪录？
9. 他被誉为什么？

二、听后说

请介绍一个在某方面技艺高超的人。

强化训练

一、根据录音内容，选择正确答案

1.（　　）
A. 发挥着重大作用
B. 是世界文化遗产
C. 2014 年建造完成
D. 是一项伟大工程

2.（　　）
A. 露面时已经 1 岁了
B. 受到日本民众欢迎
C. 人们通过电视观看
D. 已有 115 万人入园观看

3.（　　）
A. 每天努力训练
B. 摄取足够能量
C. 必须减轻体重
D. 改进训练方式

4.（　　）
A. 宝兰高铁 12 月 6 日开通
B. 徐州到乌鲁木齐高铁全长 3300 公里
C. 西成高铁东接徐州，西达乌鲁木齐
D. 从西安到成都坐高铁时间缩短了 3 小时

5.（　　）
A. 上海有 78 家
B. 全国各地都有
C. 可传播优秀文化
D. 在北京的数量全球最多

6.（　　）
A. 三年
B. 五年
C. 七年
D. 十年

7.（　　）
A. 准备
B. 起步
C. 入户调查、复查与抽查
D. 数据汇总及深度开发和利用

8.（　　）
A. 流动人口多
B. 扩大了普查范围
C. 遵循居住地登记原则
D. 应用了一些新的技术手段

9.（ ）

A. 无法比较

B. 越来越低

C. 越来越高

D. 与原来一样

10.（ ）

A. 有趣的

B. 难忘的

C. 富有创意的

D. 有品位、有意义的

11.（ ）

A. 家长教育

B. 孩子休息

C. 孩子请客

D. 父母还债

12.（ ）

A. 老师的生日

B. 同学的生日

C. 父母的生日

D. 自己的生日

二、根据录音内容，笔答下列问题

13. ______________________________

14. ______________________________

15. ______________________________

16. ______________________________

17. ______________________________

18. ______________________________

19. ______________________________

20. ______________________________

21. ______________________________

扫一扫，听录音

第13课　取舍之间

热身

1. 转弯	zhuǎn//wān	6. 总编	zǒngbiān
2. 发表	fābiǎo	7. 狭窄	xiázhǎi
3. 退稿	tuì gǎo	8. 苍白	cāngbái
4. 投稿	tóu//gǎo	9. 硬笔	yìngbǐ
5. 刊物	kānwù	10. 毅力	yìlì

懂得转弯

连续听两遍录音，选择正确答案

1. 他如何对待写作？（　　）
   A. 失望放弃　　B. 偶尔努力
   C. 有些动摇　　D. 长期坚持
2. 29 岁那年，他收到了什么？（　　）
   A. 退稿信　　B. 感谢信
   C. 邀请信　　D. 录用信
3. 总编是怎么评价他的？（　　）
   A. 知识非常丰富　　B. 生活经历丰富
   C. 书法越来越好　　D. 有当作家的资质
4. “懂得转弯”是什么意思？
   A. 知道开车的弯道技术　　B. 没有希望就直接放弃
   C. 换一个方向继续努力　　D. 坚持在同一领域努力

精听

1. 跨栏	kuà//lán	12. 殊不知	shūbùzhī
2. 著称	zhùchēng	13. 毕淑敏	Bì Shūmǐn
3. 跳高	tiàogāo	14. 收尾	shōu//wěi
4. 教练	jiàoliàn	15. 凡夫俗子	fánfū-súzǐ
5. 爆发力	bàofālì	16. 深耕	shēngēng
6. 脚踝	jiǎohuái	17. 费尽心机	fèijìn xīnjī
7. 田径	tiánjìng	18. 垄断	lǒngduàn
8. 韧带	rèndài	19. 涉足	shèzú
9. 天赋	tiānfù	20. 决策	juécè
10. 信条	xìntiáo	21. 满盘皆输	mǎn pán jiē shū
11. 绑架	bǎngjià	22. 屹立	yìlì

取舍之间

一、听第一遍录音，回答下列问题

1. 刘翔为什么改变了运动项目？
2. 毕淑敏为什么放弃了心理学博士学位？
3. 在时间、精力有限的情况下，我们应该怎么做？
4. 1964 年，松下公司总裁做了什么决定？
5. 核心竞争力是怎么来的？

二、听第二遍录音，选择正确答案

1. 刘翔小时候练习的运动项目是什么？（　　）

A. 跨栏　　B. 短跑
C. 跳远　　D. 跳高

2. 毕淑敏放弃心理学博士学位时：（　　）

A. 已经超过了五十岁　　B. 已经写完了博士论文
C. 已经通过了外语考试　　D. 已经开设了一个心理咨询中心

3. 松下公司放弃计算机开发的原因不包括下面哪项？（　　）

A. 市场竞争太激烈　　B. 投入资金也很难有成果
C. 业内不太看好计算机开发　　D. 计算机市场被其他公司垄断

4. 立于不败之地的资本是什么？ （ ）

A. 核心竞争力　　B. 强大的意志力

C. 果断的决策力　　D. 敏锐的判断力

三、再听一遍录音，判断下列句子正误

1. 小时候的刘翔在一次100米短跑比赛中得了第三名。 （ ）
2. 刘翔拥有练习跨栏的良好的身体条件。 （ ）
3. “坚持”不一定能够“胜利”，因为有可能方向就是错的。 （ ）
4. 毕淑敏太忙了，没有时间学习英语、写论文。 （ ）
5. 一开始，日本松下公司投入巨额资金参与计算机市场竞争。 （ ）
6. 后来，松下公司把精力用在了企业的传统产品上。 （ ）
7. 松下公司现在主要的业务是计算机开发。 （ ）
8. 无论企业还是个人都应该有核心竞争力。 （ ）

四、听后说

你还听说过哪些改变方向后获得成功的例子？你是如何看待“取”与“舍”的？

泛听

1. 恩惠	ēnhuì	4. 显而易见	xiǎn'éryìjiàn
2. 捏	niē	5. 潜能	qiánnéng
3. 好感	hǎogǎn		

放弃是一种智慧，缺点是一种恩惠

一、连续听两遍录音，回答下列问题

1. 说话人在书上读到一句什么话？
2. 自己的东西“捏着不放”，结果是什么？
3. 与别人分享自己的苹果有什么好处？
4. 为什么说“缺点是一种恩惠”？
5. 人生的乐趣是什么？

二、听后说

你觉得分享是一种快乐吗？你是如何看待自己的缺点的？

强化训练

一、根据录音内容，选择正确答案

1.（　　）

A. 网友拍下了边防官兵的照片

B. 网友用实际行动保卫边境地区

C. 网友纷纷称赞并敬佩这些边防官兵

D. 边防官兵在 30 摄氏度气温中巡逻执勤

2.（　　）

A. 农业很发达

B. 人口有 39 万

C. 现代化建筑很多

D. 面积 202 平方千米

3.（　　）

A. 在青岛市中心

B. 只能夏天游览

C. 绕山海岸线很长

D. 东北两面濒临黄海

4.（　　）

A. 成功在于坚持

B. 失败是成功之母

C. 成功需要懂得放弃

D. 失败十次就会成功

5.（　　）

A. 留学回国人数逐年增多

B. 今年留学总人数为 52.73 万

C. 留学回国人数比上年增长 13.9%

D. 留学回国人数已与出国人数持平

6.（　　）

A. 影响很小

B. 没有影响

C. 完全封闭

D. 临时封闭

7.（　　）

A. 恶劣天气

B. 交通拥堵

C. 禁止通行

D. 道路封闭

8.（　　）

A. 待命班组 10 分钟内就可发车

B. 成都铁路局每天有 8 个班组 64 名职工待命

C. 重庆客运段为每趟车配备了方便米饭、饼干等

D. 如果寒潮导致列车晚点，应急物资会加倍供应

9.（　　）

A. 干眼症

B. 青光眼

C. 雪盲症

D. 白内障

10.（　　）

A. 吸收光线多

B. 会损伤皮肤

C. 对强光会躲避

D. 对日光反射强

11.（　　）

A. 一天以后

B. 数天以后

C. 一个星期

D. 半月以上

12.（　　）

A. 一般双眼同时得

B. 注意保暖可预防

C. 戴上墨镜可预防

D. 症状为眼睛肿胀、流泪，甚至失明

二、根据录音内容，笔答下列问题

13. ______________________________

14. ______________________________

15. ______________________________

16. ______________________________

17. ______________________________

18. ______________________________

19. ______________________________

20. ______________________________

21. ______________________________

扫一扫，听录音

第14课 繁忙的城市，有序的交通

热身

1. 运行	yùnxíng	5. 实惠	shíhuì
2. 适宜	shìyí	6. 集成	jíchéng
3. 地带	dìdài	7. 里程	lǐchéng
4. 支撑	zhīchēng		

高 速 铁 路

连续听两遍录音，选择正确答案

1. 关于"高铁好还是普通快车好"，下面哪项不正确？ （　　）
   A. 越快越好　　B. 各有所长
   C. 不分优劣　　D. 各有适宜地带
2. 关于高铁，下面哪项正确？ （　　）
   A. 货运能力突出　　B. 运营成本较高
   C. 票价比较实惠　　D. 适宜普通区域
3. 为什么要发展高铁？ （　　）
   A. 扩大影响力　　B. 支撑高成本
   C. 解决人口问题　　D. 促进经济和社会发展
4. 中国高铁的特点不包括下面哪项？ （　　）
   A. 系统技术最全　　B. 运营时间最长
   C. 在建规模最大　　D. 运行速度最高

精听

1. 狭窄	xiázhǎi	2. 局促	júcù

3. 井然有序	jǐngrán-yǒuxù	9. 人性化	rénxìnghuà
4. 疏散	shūsàn	10. 理念	lǐniàn
5. 写字楼	xiězìlóu	11. 盲人	mángrén
6. 分流	fēnliú	12. 四通八达	sìtōng-bādá
7. 秩序	zhìxù	13. 换乘	huànchéng
8. 变更	biàngēng	14. 平面	píngmiàn

繁忙的城市，有序的交通

一、听第一遍录音，回答下列问题

1. 来到香港，很多人为什么会感到惊讶？
2. 香港的地铁站出入口与其他城市有什么不同？
3. 香港私家车的拥有情况是怎样的？
4. 香港没有堵车现象的主要原因是什么？
5. 香港交叉路口的过街信号为什么是有声的？
6. 人行横道中间的安全岛有什么作用？
7. 在香港换乘地铁与其他城市有什么不同？

二、听第二遍录音，选择正确答案

1. 香港地铁的出入口有什么特点？（　　）

   A. 设计合理　　B. 数量较少

   C. 需要绕远　　D. 一般是四个

2. 香港特区政府如何控制私家车的增长？（　　）

   A. 限制购车数量　　B. 提高驾驶成本

   C. 提高车辆价格　　D. 减少发放牌照

3. 考验市民素质的一个重要因素是什么？（　　）

   A. 是否自觉遵守交通规则　　B. 是否减少自驾出行频率

   C. 是否言行文明、注意礼让　　D. 交通管理方式是否人性化

4. 香港的交通管理，体现着什么理念？（　　）

   A. 人性化　　B. 制度化

   C. 智能化　　D. 时尚化

三、再听一遍录音，判断下列句子正误

1. 香港道路管理得井然有序，很少有堵车的现象。 (　　)
2. 香港地铁往往一个站有多个出入口，设置比较集中。 (　　)
3. 香港经济发达，私家车拥有量很高。 (　　)
4. 香港交叉路口的行人过街信号是有声音的。 (　　)
5. 香港人行横道在道路两侧设置了安全岛。 (　　)
6. 香港地铁线路的换乘需要走很远的路，跑上跑下。 (　　)

四、听后说

你所在城市的交通情况怎么样？对比香港的情况，请分析一下原因。

泛听

1. 盒饭	héfàn	9. 食材	shícái
2. 探访	tànfǎng	10. 质检	zhìjiǎn
3. 车间	chējiān	11. 分拣	fēnjiǎn
4. 褂	guà	12. 异物	yìwù
5. 包裹	bāoguǒ	13. 挑拣	tiāojiǎn
6. 口罩	kǒuzhào	14. 手工	shǒugōng
7. 武装	wǔzhuāng	15. 配制	pèizhì
8. 消毒	xiāo//dú	16. 配送	pèisòng

高铁上的盒饭

一、连续听两遍录音，回答下列问题

1. 高铁“大厨房”是什么地方？
2. 进入生产车间，需要哪些准备工作？
3. 旅客吃到的套餐是什么时候做好的？
4. 检验套餐质量的最后一道程序是什么？
5. 高铁“大厨房”怎样让旅客吃到“家”的味道？
6. 高铁“大厨房”每天配制多少高铁套餐？

7. 高铁套餐的价格范围是多少？
8. 现在的套餐和以前的套餐相比，有什么变化？

二、听后说

你坐火车是怎么解决吃饭问题的？现在火车上的盒饭和以前相比有变化吗？请说一说。

强化训练

一、根据录音内容，选择正确答案

1.（　　）
A. 茶道的基本含义是“和平”
B. 茶事活动以“人与自然”为本质
C.“和谐”是茶道中最主要的基本含义
D. 茶文化体现了人的认知和行为水平

2.（　　）
A. 包含 20000 多种数字期刊
B. 包含 50000 多种数字图书
C. 包含 20000 多条政府信息
D. 数字图书馆已经遍及全国

3.（　　）
A. 是技术性与艺术性的结合
B. 运动员靠冰刀的力度滑行
C. 裁判员根据动作技巧评分
D. 是奥运会开幕式的表演项目

4.（　　）
A. 隔夜水对健康影响不大
B. 水温对人体健康影响很大
C. 高温高湿环境中细菌繁殖快
D. 气温超过 30 度，人容易出现不适

5.（　　）
A. 长城、武术、国学位居前三
B. 外国人都认为中国产品质量好
C. 尖端科技也成为中国文化元素
D. 尖端科技中天眼望远镜得分最高

6.（　　）
A.“小年”的风俗
B.“小年”的日期
C.“小年”的来历
D.“小年”的意义

7.（　　）
A. 南方的都是腊月二十四
B. 北方大多数地区是腊月二十三
C. 上海的“小年夜”是除夕前一天
D. 有的地方把正月十五称为“小年”

8.（　　）
A. 历法差异
B. 理解差异
C. 地区性差异
D. 文化多样性

9.（　　）

A. 女强人

B. 普通人

C. 成功者

D. 领导者

10.（　　）

A. 都是总统

B. 都是成功的人

C. 都是聪明的人

D. 都是自己的孩子

11.（　　）

A. 优秀的、出色的人

B. 聪明的、努力的人

C. 可爱的、善良的人

D. 勤劳的、诚实的人

12.（　　）

A. 利益平等

B. 地位平等

C. 人格平等

D. 关系平等

二、根据录音内容，笔答下列问题

13. ____________________

14. ____________________

15. ____________________

16. ____________________

17. ____________________

18. ____________________

19. ____________________

20. ____________________

21. ____________________

扫一扫，听录音

第15课 纠正惰性生活方式

热身

1. 意志力	yìzhìlì	5. 萦绕	yíngrào
2. 神话	shénhuà	6. 欲罢不能	yùbà-bùnéng
3. 承受	chéngshòu	7. 动机	dòngjī
4. 极限	jíxiàn	8. 驱动	qūdòng

意志力只是一个神话

连续听两遍录音，选择正确答案

1. 需要长期坚持的时候，人们常常认为什么很重要？（ ）

A. 持续性　　B. 意志力

C. 专注度　　D. 专业化

2. 说话人认为意志力可靠吗？（ ）

A. 很可靠　　B. 不可靠

C. 不确定　　D. 不知道

3. 说话人认为给予自己力量的是什么？（ ）

A. 兴趣和激情　　B. 专业和能力

C. 意志和品质　　D. 热情和韧性

4. 关于人们完成同一任务时的表现，下面哪项正确？（ ）

A. 物质奖励下表现更好

B. 兴趣驱动下表现更好

C. 物质奖励下和兴趣驱动下的表现区别不明显

D. 物质奖励下和兴趣驱动下的表现没有可比性

精听

1. 惰性	duòxìng	5. 排列	páiliè
2. 压抑	yāyì	6. 避	bì
3. 缠绕	chánrào	7. 抑郁	yìyù
4. 剔除	tīchú		

纠正惰性生活方式

一、听第一遍录音，回答下列问题

1. 生活充满惰性，学习充满困难的时候，需要了解什么？
2. 在学习和生活中，我们可能都有过什么样的经历？
3. 心理学家针对这种行为方式提出什么观点？
4. 在纠正惰性生活方式的过程中，需要先做什么？
5. 剩余的几十件事情中，应该把什么样的事情排在前面？
6. 在这一过程中，不要避开什么？
7. 纠正惰性生活方式对经常抑郁的人有什么效果？

二、听第二遍录音，选择正确答案

1. 根据这段话，在学习和生活中，我们常遇到什么情况？（　　）
   A. 生活充满了激情　　B. 想做的事情拖了很久
   C. 对想做的事觉得没有力气　　D. 知道自己懒惰，且能找到解决办法
2. 在记录下来的所有活动中，首先要剔除什么事情？（　　）
   A. 必须完成的事情　　B. 所有的生活活动
   C. 自己最喜欢做的事情　　D. 自己最不喜欢做的事情
3. 说话人建议按照什么标准排列一天中的事情？（　　）
   A. 兴趣　　B. 时间
   C. 类型　　D. 目的
4. 为什么要这样排列？（　　）
   A. 可以锻炼人的意志力　　B. 可以避开不喜欢做的事情
   C. 可以处理好不那么困难的事情　　D. 可以利用解决困难后对行动的强化作用

三、再听一遍录音，判断下列句子正误

1. 有时候，生活被惰性缠绕，不知道如何改变。（　　）
2. 纠正惰性生活方式，可以让人生变得更好。（　　）
3. 尝试一下纠正惰性生活方式的方法，惰性生活就永远不会再接近你。（　　）
4. 要按照重要性排列所有的事情。（　　）
5. 纠正惰性生活方式要从不喜欢的事情开始做起。（　　）
6. 惰性的生活方式可以改变压抑的情绪。（　　）

四、听后说

举例说一说你的“惰性生活方式”。你打算怎么纠正这种生活方式？

泛听

1. 卓越	zhuóyuè	5. 差距	chājù
2. 按部就班	ànbù-jiùbān	6. 无意识	wúyìshí
3. 绝	jué	7. 额外	éwài
4. 单纯	dānchún		

如何成为专家

一、连续听两遍录音，回答下列问题

1. 经验和天赋是成为专家的关键因素吗？
2. 怎样才能具有“高水平”？
3. “刻意练习”是什么样的练习方式？
4. 足球爱好者、普通的足球运动员、顶尖的足球运动员有什么区别？
5. 工作时间能决定水平高低吗？为什么？

二、听后说

回想一下自己的经历，你有没有通过“刻意练习”取得成功的例子？请说一说。

强化训练

一、根据录音内容，选择正确答案

1. (   )
A. 是北京的一家新媒体
B. 是春节联欢晚会里的节目
C. 以引进世界文化艺术为目的
D. 体现时代性、民族性和国际性

2. (   )
A. 是公益节目
B. 主要面向全国儿童
C. 是春节晚会的一种
D. 今年以“中华骄傲”为主题

3. (   )
A. 位于北京顺义
B. 是一家公立美术馆
C. 主要展览外国艺术品
D. 展览面积 22000 余平方米

4. (   )
A. 参加体检需交纳一百元
B. 两年共有 3634 万人体检
C. 城乡居民可每年享受一次
D. 此项工程能缓解看病难题

5. (   )
A. 是发展经济的必由之路
B. 是基础建设的重要环节
C. 各地都在加强建设力度
D. 老少边穷地区发展迅速

6. (   )
A. 历史悠久
B. 民间盛行
C. 传统习俗
D. 渐趋过时

7. (   )
A. 烘托节日气氛
B. 具有艺术价值
C. 体现学识修养
D. 具有时代内涵

8. (   )
A. 字体多样
B. 名家手书
C. 交流媒介
D. 影响深远

9. (   )
A. 知识发展很快
B. 在校所学太少
C. 要主动改变自己
D. 活到老，学到老

10. (   )
A. 专业难度大
B. 信息范围广
C. 知识发展快
D. 论文内容深

11.（　　）

A. 不断学习

B. 保持现状

C. 运用经验

D. 具备勇气

12.（　　）

A. 学无止境

B. 学校知识足够用

C. 学习有年龄限制

D. 改变现状很困难

二、根据录音内容，笔答下列问题

13. ____________________

14. ____________________

15. ____________________

16. ____________________

17. ____________________

18. ____________________

19. ____________________

20. ____________________

21. ____________________

扫一扫，听录音

第16课 互联网时代的阅读

热身

1. 宏愿	hóngyuàn	7. 对照	duìzhào
2. 兴味盎然	xìngwèi àngrán	8. 得失	déshī
3. 诀窍	juéqiào	9. 被动	bèidòng
4. 大臣	dàchén	10. 单向	dānxiàng
5. 殿	diàn	11. 自行	zìxíng
6. 上奏	shàngzòu	12. 浓厚	nónghòu

互动性阅读

连续听两遍录音，选择正确答案

1. 冯唐的小说语言有什么特色？ （　　）

   A. 古文　　B. 幽默

   C. 诗化　　D. 质朴

2. 冯唐读“二十四史”读了多少？ （　　）

   A. 二分之一　　B. 三分之一

   C. 四分之一　　D. 五分之一

3. 冯唐读史书的诀窍是什么？ （　　）

   A. 边读边背　　B. 读读写写

   C. 互动阅读　　D. 被动阅读

4. 冯唐的阅读方式有什么好处？ （　　）

   A. 读得更快　　B. 读得更多

   C. 更有趣味　　D. 可接受知识

精听

1. 占领	zhànlǐng	9. 沉溺	chénnì
2. 可谓	kěwèi	10. 自拔	zìbá
3. 脱销	tuō//xiāo	11. 庞杂	pángzá
4. 程序	chéngxù	12. 筛选	shāixuǎn
5. 美妙	měimiào	13. 健全	jiànquán
6. 不可估量	bùkě gūliang	14. 规章	guīzhāng
7. 缺陷	quēxiàn	15. 监督	jiāndū
8. 失控	shīkòng	16. 甄别	zhēnbié

互联网时代的阅读

一、听第一遍录音，回答下列问题

1. 近十几年，阅读方式产生了什么变化？
2. 与传统阅读相比，网络阅读的优点有哪些？
3. 网络阅读的缺陷有哪些？
4. 要想让网络阅读发挥最大价值，人们需要具备什么样的能力？

二、听第二遍录音，选择正确答案

1. 关于“无书”阅读的好处，下面哪项正确？（ ）

   A. 节约资源　　B. 节省时间

   C. 节省金钱　　D. 可听音乐

2. 课文中举《哈利·波特》的例子意在说明网络阅读的什么特点？

   A. 简单便捷　　B. 内容繁多

   C. 直观清晰　　D. 费时费力

3. 下面哪项是网络阅读的缺陷？（ ）

   A. 信息量大　　B. 不必册册购买

   C. 容易让人沉溺　　D. 抛弃了有形的书

4. 下面哪项不是网络阅读健康发展所必需的？（ ）

   A. 完善规章制度　　B. 加强监督管理

   C. 加大阅读投入　　D. 提高自身能力

三、再听一遍录音，判断下列句子正误

1. 纸质书是传统阅读的载体。 (　　)
2. 近十几年来，在互联网上阅读的人越来越多。 (　　)
3. 网络阅读和传统阅读给读者的阅读体验是一样的。 (　　)
4. 网络下载可以让人们轻松得到想要的内容。 (　　)
5. 网络阅读的优势明显，可也有显而易见的缺陷。 (　　)
6. 网络阅读可能会损害视力。 (　　)
7. 面对海量信息时，筛选能力变得更为重要。 (　　)
8. 网络阅读必然会取代传统阅读。 (　　)

四、听后说

除了课文谈到的以外，你认为网络阅读还有哪些利与弊？

泛听

1. 井喷	jǐngpēn	8. 栩栩如生	xǔxǔ-rúshēng
2. 载体	zàitǐ	9. 直观	zhíguān
3. 消亡	xiāowáng	10. 追捧	zhuīpěng
4. 相辅相成	xiāngfǔ-xiāngchéng	11. 返还	fǎnhuán
5. 恐龙	kǒnglóng	12. 流转	liúzhuǎn
6. 浮现	fúxiàn	13. 论辩	lùnbiàn
7. 身临其境	shēnlínqíjìng	14. 书斋	shūzhāi

新型阅读

一、连续听两遍录音，回答下列问题

1. 阅读有什么作用？
2. 近年来，阅读方式有什么变化？
3. 数字化阅读和传统纸质阅读有什么关系？
4. 新兴技术为阅读带来了怎样的体验？
5. 这段话中提到了哪些新兴的读书活动？
6. 互联网对阅读有什么有利影响？

二、听后说

你关注了哪些阅读公众号？使用过哪些阅读类的手机应用？请跟大家交流一下。

强化训练

一、根据录音内容，选择正确答案

1.（　　）

A. 气候比较炎热

B. 四周被南海包围

C. 是一个岛屿的名字

D. 不是正式的地理名称

2.（　　）

A. 航程时间为一个小时

B. 市民对此航程很感兴趣

C. 游客可以登上港珠澳大桥

D. 这次航程从珠海飞到澳门

3.（　　）

A. 有3个机场

B. 有7条铁路线

C. 交通非常便利

D. 城市发展很快

4.（　　）

A. 新疆人都喜欢喝奶茶

B. 茶未烧开时加入鲜奶

C. 所有奶茶都需要加盐

D. 奶茶原料是茶和牛奶或羊奶

5.（　　）

A. 俄罗斯人参与中国网购的越来越多

B. 今年俄罗斯网购消费者增加了74%

C. 去年俄罗斯人的网购订单为2000万份

D. 今年“双十一”俄罗斯买家增长了89%

6.（　　）

A. 有钱

B. 身体健康

C. 有妻子陪伴

D. 想做什么就做什么

7.（　　）

A. 他很喜欢表演

B. 演艺圈很复杂

C. “偶像”应该多接戏

D. 让观众了解自己的演技

8.（　　）

A. 不想当偶像

B. 希望是所有人的偶像

C. 不想当又老又丑的偶像

D. 希望是观众一辈子的偶像

9. (　　)

A. 性格内向不愿交流

B. 脾气急躁需要冷静

C. 觉得自己是一只蘑菇

D. 觉得自己有精神问题

10. (　　)

A. 陪他做一只蘑菇

B. 请他的家人陪伴

C. 给他用最好的药

D. 陪他聊天儿谈心事

11. (　　)

A. 信赖医生的药物治疗

B. 对医生有了心理认同

C. 积极调整自己的作息

D. 认真配合医生的治疗

12. (　　)

A. 训诫

B. 安慰

C. 同理心

D. 同情心

二、根据录音内容，笔答下列问题

13. ____________________

14. ____________________

15. ____________________

16. ____________________

17. ____________________

18. ____________________

19. ____________________

20. ____________________

21. ____________________

扫一扫，听录音

第17课 你真的会跑步吗

热身

1. 体质	tǐzhì	4. 认同	rèntóng
2. 前所未有	qiánsuǒwèiyǒu	5. 草坪	cǎopíng
3. 弘扬	hóngyáng	6. 配置	pèizhì

全 民 健 身

连续听两遍录音，选择正确答案

1. 关于全民健身，下面哪项不正确？（　　）
   A. 提倡全民参与　　B. 倡导日常健身
   C. 有助于提高健康水平　　D. 不适用于体质差的人
2. 关于全民健身日，下面哪项不正确？（　　）
   A. 是每年 8 月 8 日　　B. 具有社会影响力
   C. 为纪念北京奥运会　　D. 是自然形成的节日
3. 关于我国各类体育场馆，下面哪项不正确？（　　）
   A. 有 60 多万个　　B. 只作为比赛场馆使用
   C. 是居民健身场所之一　　D. 大多数已向民众开放
4. 根据这段话，下面哪项正确？（　　）
   A. 为健康支出的费用较高　　B. 日常体育锻炼并不方便
   C. 人们生活观念有了改变　　D. 体育健身设施种类单一

精听

1. 悄然	qiǎorán	2. 牵拉	qiānlā

3. 颠	diān	10. 按摩	ànmó
4. 躯体	qūtǐ	11. 匀速	yúnsù
5. 前倾	qián qīng	12. 急促	jícù
6. 切勿	qiè wù	13. 尾气	wěiqì
7. 步伐	bùfá	14. 平坦	píngtǎn
8. 脚掌	jiǎozhǎng	15. 下坡	xià pō
9. 阻力	zǔlì	16. 关节	guānjié

你真的会跑步吗

一、听第一遍录音，回答下列问题

1. 跑步前应该做什么？
2. 跑步时躯体应保持什么姿势？
3. 跑步时脚应该如何落地？
4. 跑步后应该做什么？
5. 多数人跑步的目的是什么？
6. 跑步时应选择什么场所？
7. 中老年人跑步时应该注意什么？

二、听第二遍录音，选择正确答案

1. 慢跑时，全身肌肉是什么状态？（　　）
   A. 紧张　　B. 放松
   C. 收缩　　D. 扩张
2. 跑完后应该继续做什么？（　　）
   A. 慢步　　B. 快走
   C. 按摩　　D. 牵拉
3. 每次慢跑跑多长时间合适？（　　）
   A. 30 分钟　　B. 40 ～ 60 分钟
   C. 跑到每分钟心跳超过 180 次时　　D. 跑到呼吸急促不能正常说话时
4. 为什么尽量选择平坦的地面跑步？（　　）
   A. 提高跑步速度　　B. 降低运动强度
   C. 防止脚踝扭伤　　D. 防止肌肉酸痛

三、再听一遍录音，判断下列句子正误

1. 早上跑步的人，最好先快走几百米，充分热身后再跑步。（ ）
2. 慢跑时躯体保持正直，微后仰或左右摆动。（ ）
3. 跑步时应保持直臂，在身体左右侧平行地自然摆动。（ ）
4. 跑步时脚掌不应有擦地动作，否则易使脚掌疲劳。（ ）
5. 跑步结束后，应马上做些力所能及的按摩或牵拉活动。（ ）
6. 大部分人跑步是为了提升心肺耐力或减肥。（ ）
7. 室外空气不好时应避免在室外跑步。（ ）

四、听后说

你有什么喜欢的体育运动项目？进行这个项目时有什么要注意的？

泛听

1. 蹴鞠	cù jū	5. 协和书院	Xiéhé Shūyuàn
2. 宫廷	gōngtíng	6. 文汇书院	Wénhuì Shūyuàn
3. 盛行	shèngxíng	7. 埠	bù
4. 绝技	juéjì		

中国足球古今谈

一、连续听两遍录音，回答下列问题

1. 足球运动在民间广泛开展是在什么时候？
2. 唐宋时期，足球运动有什么发展？
3. 清代的足球运动有什么特点？
4. 现代足球运动什么时候传入中国？
5. 1907年北京举行的国际足球比赛结果如何？
6. 中国第一次参加规模较大的国际性足球比赛是在什么时候？

二、听后说

用自己的话简要介绍一下中国足球的发展演变。

强化训练

一、根据录音内容，选择正确答案

1.（　　）

A. 本次比赛物品可以由他人代领

B. 赛前需要领取号码布和比赛装备

C. 领取比赛物品可用身份证复印件

D. 进入比赛场地需要交报名确认单

2.（　　）

A. 今年网络教育平稳发展

B. 获取知识的方式略有改变

C. 线上教学和线下教育互不相融

D. 教育模式突破了时间性和空间性

3.（　　）

A. 电影节主要记录电影发展史

B. 人们更关注世界知名电影节

C. 浙江青年电影节已经举办了三届

D. 浙江青年电影节聚焦青年电影人

4.（　　）

A. 元宵节雏形在汉代已经出现

B. 元宵和汤圆的形状并不相同

C. 元宵就是汤圆，只是称呼不同

D. 汤圆是馅料放在筛漏上摇成的

5.（　　）

A. 郎朗是联合国派来的官员

B. 这是迎新专场慈善音乐会

C. 这是大剧院建成后首场演出

D. 临夏是古丝绸之路的北道重镇

6.（　　）

A. 在春节前举行

B. 是高考成功的捷径

C. 考试难度逐年增加

D. 今年参加艺考的学生很多

7.（　　）

A. 文化产业繁荣

B. 职业兴趣高涨

C. 社会需求旺盛

D. 分数要求较低

8.（　　）

A. 不能心血来潮盲目报考

B. 热爱艺术并且理性规划

C. 要更重视艺术专业成绩

D. 平时多了解选择的行业

9.（　　）

A. 泉的位置

B. 泉的形状

C. 泉的颜色

D. 泉的传说

10.（　　）

A. 海拔原因

B. 地形原因

C. 设计原因

D. 人为原因

11.（　　）

A. 泉水能够解毒

B. 泉水可以入药

C. 草能解毒、鱼能医病

D. 水中矿物质有益健康

12.（　　）

A. 水从鸣沙山上流下来

B. 月牙泉和黄沙不相容

C. 月牙泉风景优美，泉水清澈

D. 月牙泉内游鱼成群，植物繁多

二、根据录音内容，笔答下列问题

13. ____________________

14. ____________________

15. ____________________

16. ____________________

17. ____________________

18. ____________________

19. ____________________

20. ____________________

21. ____________________

扫一扫，听录音

第18课 阶段测试（下）

第一部分

说明：听录音，在ＡＢＣＤ四个书面答案中选择唯一恰当的答案。

1.（　　）

A. 价值观与社会现状无关

B. “90后”注重个人价值满足

C. “00后”注重为社会做贡献

D. “90后”与“00后”幸福观不同

2.（　　）

A. 网友怎么解决问题

B. 依赖搜索引擎没有错

C. 最好用关键词进行搜索

D. 解释“搜索引擎依赖症”

3.（　　）

A. 传播力度大

B. 影响面较广

C. 形式受欢迎

D. 学术性较强

4.（　　）

A. 只培养贵族子弟

B. 每年只招约200名新生

C. 总统蓬皮杜是前任校长

D. 是专门培养科学奖获得者的学校

5.（　　）

A. 深圳野生动物园有四只鸟宝宝出生了

B. 天鹅妈妈负责不让其他天鹅靠近宝宝

C. 天鹅爸爸负责“照顾”四只天鹅宝宝

D. 黑颈天鹅一家六口在湖中嬉戏、觅食

6.（　　）

A. 社会环境很重要

B. 贵人相助是关键

C. 找工作要适合自己

D. 激发潜能利于实现价值

7.（　　）

A. 三种

B. 四种

C. 五种

D. 六种

8.（　　）

A. 朋友越多身体越好

B. 多沟通可以提高免疫力

C. 睡眠时间越长身体越好

D. 开车的人比走路的人健康

9.（　　）
A. 练习瑜伽
B. 每天睡懒觉
C. 自己学做美食
D. 骑自行车远行

10.（　　）
A. 没有工作经验
B. 做事小心仔细
C. 懂礼貌、有教养
D. 有最好的介绍信

11.（　　）
A. 言行举止
B. 专业能力
C. 实际经验
D. 学历资历

12.（　　）
A. 招聘非常严格
B. 青年人有前途
C. 细节体现修养
D. 性格决定命运

13.（　　）
A. 易躁易怒
B. 多愁善感
C. 乐观开朗
D. 孤僻多疑

14.（　　）
A. 肺癌
B. 胃癌
C. 肠癌
D. 乳腺癌

15.（　　）
A. 合理饮食可以防癌
B. 虫类毒素可以防癌
C. 微量元素可以防癌
D. 调控心理可以防癌

16.（　　）
A. 个人能力
B. 儿时爱好
C. 父母期望
D. 传统观念

17.（　　）
A. 拆装电器
B. 检修实验
C. 常规检查
D. 抢修设备

18.（　　）
A. 聪明灵活、精益求精
B. 认真仔细、踏实负责
C. 吃苦耐劳、善于交流
D. 任劳任怨、不断创新

第 二 部 分

说明：连续听两遍录音，回答下列问题。

愿做什么？能做什么？

1. 毕业后，他求职的结果怎么样？

2. 他决定实施什么计划？
3. 他都做过哪些工作？
4. 他做过的工作都是同样性质的吗？
5. 他的专业和这些工作有必然联系吗？
6. 这些工作有什么共同点？
7. 他的计划为什么能成功实施？
8. “放得下架子”是什么意思？
9. 他得到了怎样的“回报”？
10. 他对同龄人有什么建议？

扫一扫，听录音

听力文本及部分练习答案

第 1 课　连接世界，用心去做

热身

网上聊天儿

在信息时代，聊天儿可以分为两种：一种是现实生活中的，另一种是网上的。过去，网上聊天儿只有文字，非常单调；现在，网上聊天儿已经可以用语音和视频进行了。QQ 和微信就是人们常用的聊天儿软件，功能很多。

网上聊天儿已经成为人们的一种生活方式。网上聊天儿没有时空的约束，可以和亲人、朋友谈生活，谈学习，谈工作，谈社会，谈自己的认识，说自己的心里话，完全是一种放松的自由的状态。

当然，如果是和不认识的人聊天儿，就要注意以下几点了：一是人身安全，不要轻易告诉对方自己的详细情况，比如家庭住址、工作单位等；二是账号安全，自己的身份证号、银行账号、密码等要注意保密。

另外，网上聊天儿只是交际手段之一，不能长期沉迷，否则，会造成表达能力的衰退，甚至会产生自闭心理，既影响学习和生活，又影响身心健康。

答案：1. D　2. B　3. A　4. D

精听

连接世界，用心去做

很多人问我是怎么创立社交网站的，或是怎么解决问题的。但是，今天我想要阐述的核心话题是“为什么创立”，因为这是使命的本质。

2004 年我之所以创立我的这个社交网站，是因为我觉得在网上把人们连接起来是非常有价值的挑战。那时候，互联网上有很多网站，人们需要的东西几乎一应俱全，如新闻、音乐、书、电影，但却没有哪个网站能帮我们找到生活中最重要的东西——人。每个人都想跟自己的朋友和家人互动交流，当人们可以联系和分享时，生活会变得更好，人与人的关系会更亲密，企业会变得更强大，社会也会变得更强盛。所以当我创立我的网站时，我不是要创立一个“公司”，而是要弥补人们无法“连接”的缺憾。这就是我的使命。当人有了使命时，就不会犹豫、退缩，就会更加用心、心无旁骛。

当时我和我团队的成员都是大学生，没有什么资源，所以我们的想法难免遭到别人的质疑。比如，有人说我们这个网站只是给学生用的，没分量；有人说我们的网站很快会被淘汰；有人说社交网站永远不会赚钱；也有人说人们不会在手机上使用这款软件……面对这些质疑，我们始终坚持的就是“用心去做”。

当网站的校园版推出时，我们非常兴奋，因为它真的把学生们“连接”起来了。然后我们坚持用心去做，网站又开放给了更多人，再后来又延伸覆盖到了其他国家，逐渐建立起了庞大的业务体系。现在，我们成立了以移动业务为中心的公司，创立了世界上最大的、超过 15 亿人的互联网社区。

所有的一切只是因为我们坚持“用心去做”。也许我们并不知道所有问题的答案，我们需要做的就是继续攀登、拓展。中国有句话说得好：“只要功夫深，铁杵磨成针。”一直努力，用心去做，我们就会改变世界。

答案：二、1. D　2. C　3. A　4. D
三、1. ×　2. √　3. √　4. √　5. ×　6. ×　7. ×　8. ×

泛听

我国未成年人互联网应用状况调查

我国首次未成年人互联网应用状况调查表明，随着互联网的高速发展，未成年人中的新生网民在不断涌现并呈增长趋势。相对于上网比例高达 85.21% 的未成年人，他们的父母上网比例却只有 66.53%。四成未成年人认为上网对学习和生活有帮助；超过五成的被调查教师和超过四成的家长都认为网络内容对未成年人有害，呼吁建立专属于未成年人的网络专区；七成未成年人希望给予他们必要的上网指导。目前来看，未成年人对网络的娱乐、交流、信息搜索等功能的使用率较高，最喜欢在线收听和下载音乐、网络聊天儿、玩儿网络游戏和浏览新闻。值得关注的是，网络聊天儿、玩儿网络游戏在未成年人中最受欢迎。

此外，网络成瘾虽然没有成为普遍性问题，但已涉及部分未成年人，其潜在危害有进一步扩大的可能。参与调查的未成年人中，66.01% 的人玩儿过网络游戏，没玩儿过的人中还有 32.63% 的人表示想玩儿。大部分受访者都表示自己没有出现过迷恋网络、难以自我控制的现象，但四成未成年人认为其所在学校存在网络成瘾者。

调查显示，未成年人接触网络的年龄较以往有所下降。参与调查的未成年人中，近半数首次上网年龄在 5 至 10 岁之间，5 岁以下触网比例近 10%，也就是说，10 岁以下触网比例近 60%，未成年人触网低龄化趋势亟需关注。

这次调查历时半年多，以全国 10 至 18 岁的在校学生为主，同时兼顾家长和教师，在北京、浙江、甘肃等 10 个省市的 106 所中小学开展。

强化训练

一、根据录音内容，选择正确答案

1. 中国社科院一项调查显示，2014 年底，我国 60 岁以上人口数已占总人口的 15.5%。另一项调查显示，80% 的丧偶老人有再婚愿望，但是真正登记结婚的不足一成，有一部分人则选择“隐婚”——如同夫妻一样生活，却不登记结婚。

问：根据这段话，下面哪项正确？

2. 一百多年前，在没有汽车、没有电脑的时代，人们最担心的风险是什么？答案是：马车和疾病。那么，现如今在高度文明、信息化的时代，人们最担心的风险又是什么？答案是：不断增加的生活成本。

问：根据这段话，下面哪项正确？

3. 今天，在澳大利亚悉尼的标志性建筑海港大桥再次举办了大规模的早餐嘉年华活动，欢声笑语取代了平日的车水马龙，7500 名来自澳大利亚国内外的游客在临时铺设的草坪上共进早餐。今年的活动规模较去年进一步扩大，并加入了足球的主题，为澳大利亚申办 2022 年世界杯助威。

问：根据这段话，下面哪项正确？

4. 蚂蚁给人们的印象是一生都非常勤奋。事实上，蚂蚁的工作时间只占到其生命时间的五分之一。首先，它们的食物由昆虫的幼虫、蜂蜜、果子和兽类的尸体组成，营养丰富，所以，它们不用为了找到食物而“挖空心思”。第二，在蚁穴中，蚂蚁分工明确。因为在一个蚁穴中会有成千上万只甚至数百万只蚂蚁，所以即使只有三分之一的蚂蚁在工作，人们也会看到一幅它们勤劳工作的情景。

问：根据这段话，下面哪项正确？

5. 近日，胡润中国百富榜发布。从企业家出生地来看，上榜的 2056 位富豪中，浙商人数仍然排名第一。就全世界范围而言，中国浙江已经诞生了 72 位亿万级超级富豪，在全世界仅次于美国加州的 92 人。

问：根据这段话，下面哪项正确？

6 到 8 题是根据下面一段对话：

女：再次看到五星红旗升起，感觉怎么样啊？

男：感觉非常好。我没想过能跑到 13 秒 09，我以为 13 秒 20 就差不多了。今天自己觉得跑得也挺放松的，从起跑到最后，节奏很好，比较稳。

女：今天你创造了新的亚运会纪录，告诉我们今天和四年前有什么不同。

男：四年前那次，世界纪录刚破，也是年末的比赛，那时最好的成绩是 13 秒 15。我现在各方面还没有恢复到最好的水平，今天只是过栏很顺罢了，从起跑到冲刺，还不是特别好。

女：之前你曾说过，今天想检验自己的状态。那么今天的比赛你是完全释放、毫无保留吗？

男：没有完全释放，稍微有一点点保留。毕竟还没完全康复，身体各方面还需要巩固巩固。争取明年的世锦赛、后年的奥运会，再好好儿冲刺。

女：你要康复到什么阶段自己才满意？

男：什么时候把罗伯斯的纪录抢回来，我觉得这就是康复了。

6. 问：新的亚运会纪录是多少？

7. 问：这次比赛，男的感觉自己怎么样？

8. 问：男的认为怎么样才算“康复”？

9 到 12 题是根据下面一段话：

李小龙自幼就是极具个性的出色的童星，成年后他担任配角的《青蜂侠》使其崭露头角，留给后世的四部半功夫电影更是无人能超越的传奇高峰。中国功夫得以跻身全球文化，且培养出数以亿计的海外追随者，李小龙与其电影都做出了不可磨灭的巨大贡献。

对于创造过无数奇迹的香港电影，李小龙作为承前启后的重要人物更是影响深远。许多香港电影工作者，近 40 年来不断从李小龙的作品中挖掘素材，或模仿，或承袭，通过不同方式续写着李小龙的不朽传奇。在此过程中，李小龙的印记更见证了无数影坛巨星的成长。

李小龙未曾消逝，他的身影留在众多演员的演绎当中。近 40 年来，有许多影坛巨星在光影的世界里向他学习和致敬。时至今日，香港的银幕仍在清晰展现着李小龙的无尽风采。

9. 问：关于李小龙，下面哪项不正确？

10. 问：李小龙留给后世几部功夫电影？

11. 问：关于香港电影，下面哪项不正确？

12. 问：这段话中“李小龙未曾消逝”是什么意思？

二、根据录音内容，笔答下列问题

13 到 15 题是根据下面一段对话：

女：刘教授，互联网已经成为青少年了解外面世界的一个主要窗口。您认为网络对青少年有哪些好的影响呢？

男：网络为青少年提供了学习的便利条件。中小学生从现在起养成网上查找资料、听网课、和同学们线上交流学习经验、提出疑问等习惯，这对终生学习都是有益处的。

女：是的，网络信息容量大，这最大限度地满足了青少年的需要，为青少年提供了最丰富的信息资源。

男：对，在网络上，我们几乎可以找到涉及人们生活的各类信息，对能够熟练使用网络的青少年来说，网络可以说是取之不尽、用之不竭的知识宝库。

女：那么您认为网络对青少年不利的一面又是什么呢？

男：任何事物都具有两面性，网络也不例外。它被人们称为一把“双刃剑”，网上既有鲜花，也有陷阱，它的另一面也是让家长们谈网色变的原因。它的危害主要表现在：如果对青少年引导不力，就会影响学习；网上不良信息和网络犯罪对青少年的安全构成危害和威胁，影响其身心健康发展；等等。

13. 问：青少年了解世界的主要窗口之一是什么？

14. 问：网络能为青少年提供什么？

15. 问：网络被称为“双刃剑”，说明什么？

16 到 18 题是根据下面一段话：

一个即将出嫁的女孩儿向她的母亲提了一个问题：“妈妈，婚后我该怎样把握爱情呢？”母亲很诧异地说：“傻孩子，爱情怎么能把握呢？”女孩儿疑惑地追问：“那爱情为什么不能把握呢？”

母亲听了女孩儿的问话，温柔地笑了笑，然后慢慢蹲下，从地上捧起一捧沙子，送到女孩儿的面前。女孩儿发现那捧沙子在母亲的手里，圆圆满满的，没有一点儿流失，没有一点儿撒落。接着母亲用力将双手握紧，沙子立刻从母亲的指缝间落下来。等母亲再把手张开时，原来那捧沙子已所剩无几，其圆圆满满的形状也早已被压得扁扁的，毫无美感可言。女孩儿望着母亲手中的沙子，领悟地点点头。

其实，这位母亲是要告诉她的女儿：爱情无须刻意去把握，越是想抓牢自己的爱情，反而越容易失去自我，失去原则，失去彼此之间的宽容和谅解。每个人都希望自己永远拥有幸福美满的爱情，那么不妨学着用捧一捧沙的情怀来对待爱情，好好儿珍惜爱情。

16. 问：这个即将出嫁的女孩儿问了母亲什么问题？

17. 问：母亲把沙子用力握紧以后，沙子怎么样了？

18. 问：爱情需要刻意把握吗？应该怎么做？

19 到 21 题是根据下面一段话：

国际超级计算机前 500 名组织在美国正式发布第 36 届世界超级计算机 500 强排行榜，今年中国在前十名中已占有 2 席，仅次于美国。中国国防科技大学研制的“天河一号”超级计算机系统，以峰值速度 4700 万亿次、持续速度 2566 万亿次每秒浮点运算速度夺得世界第一，实现了从“亚洲第一”向“世界第一”的重大跨越。“天河一号”的持续速度是去年世界第一——美国的超级计算机“美洲豹”的 1.4 倍。“天河一号”运算速度的大幅提升得益于一年来进行的重大技术升级与综合优势。作为国家超级计算天津中心的业务主机，它已在石油勘探、高端装备研制、生物医药、气象预报等方面获得成功应用，现已为 20 多家用户单位提供了高性能计算服务。

19. 问：“天河一号”运算速度是美国“美洲豹”的多少倍？

20. 问：“天河一号”的运算速度为什么能大幅提升？

21. 问：“天河一号”可应用在哪些领域？

答案：一、1. B　2. C　3. B　4. D　5. B　6. B　7. B　8. C　9. D　10. C　11. C　12. D

第 2 课 每一个梦想都值得拥有

热身

只 管 去 做

有一个人，53 岁，如果生活安稳，就等着安享晚年了。偏偏命运跟他开了一个大玩笑，满头白发的年龄，他却负债累累，债主时常上门讨债，他只得天天离开家躲避这些债主的责难。他也想做些事，摆脱生活困境，但是干一行败一行，做什么都没有成功。到了这样的年纪，面对这样的现实，该是彻底放下梦想的时候了。他偏偏不低头，他要写书，他说所有的梦想现在都破灭了，只有这个梦想还没有尝试。

认识他的人都觉得他实在荒唐，从来没有一个人能在 53 岁的时候开始文学创作而有所成就。但是他一意孤行，非要做这件事。他写了一本小说，结果奇迹般地闻名于世。这本小说叫《堂・吉诃德》，他的名字叫塞万提斯——西班牙最伟大的作家。

有这样一句格言："只管去做。"只有拿出勇气"只管去做"，才能忘记年龄，忘记痛苦，才能离梦想更近。

答案：1. C　2. A　3. C　4. D

精听

每一个梦想都值得拥有

他曾是一位科学家，但他的梦想是当厨师，于是，37 岁的他竟然真的改行去当厨师。为了当好厨师，他专门去酒店管理学校学习。当学员们听说科学家转行当厨师时都嘲笑他，有人甚至说："科学家当厨师，是真爱好还是哗众取宠呢？"面对质疑，他觉得必须做出成绩来，既证明自己喜欢厨师这份职业，还能证明自己是真正的科学家。

有一次，老师传授制作冰激凌的方法，并且鼓励学员们根据自己的喜好制作出不同口味或不同形态的冰激凌。学员们都认为有难度，纷纷摇头，而他却认为机会来了。

他首先查阅了许多冰激凌的制作方法，但这些方法大同小异。他听说有人制作出一款荧光冰激凌，只要冰激凌与食用者的舌头接触，就会发出淡绿色的荧光，给人味觉和视觉的双重享受。他从中得到启发，决定制作出一款可以变色的冰激凌。

他认为健康原料对身体很重要，所以坚持用纯天然原料来制作冰激凌。但所有起反应的原料一般都是化学制剂，如果没有化学成分则很难取得想要的效果。于是他反复研究试验，每一次都是因为颜色无法转换而失败，但他并不气馁。为了让冰激凌入口既能变色，还能拥有不同口味，他把制作冰激凌的原料进行分解重组，然后进行各种试验。科学家的智慧与厨师的创造力完美结合，经过三个月苦战，他终于研制出可以变色的冰激凌。这款冰激凌呈蓝色，入口融化时则变为浪漫的紫色。其他学员品尝后赞不绝口，再也没有人怀疑他科学家的身份，也没有人诋毁他当厨师的梦想了。

变色冰激凌在市场一经推出，就受到顾客们的欢迎，不仅在国内畅销，也引起国外经销商的关注。他迅速申请专利，变色冰激凌走向了国际市场。

职业不分高低。只要用心去做，在任何行业都能取得成绩。他面对记者采访，开心地说："每一个梦想都值得拥有，而梦想没有尊卑高低，勇于尝试并努力，梦想终究会实现。"

答案：二、1. D　2. B　3. C　4. B

三、1. ×　2. ×　3. √　4. ×　5. ×　6. √　7. ×　8. √

泛听

三只钟的故事

一只新组装好的钟表放在了两只旧钟表之间。两只旧钟"嘀嗒、嘀嗒"一分一秒地走着。其中一只旧钟对新钟说："来吧，你也该工作了。但我又有点儿担心，你一年得摆3200万次，你吃得消吗？"

"天哪！3200万次！要我干这么大的事？办不到，办不到。"新钟吃惊不已。另一只旧钟说："别听它的，不用害怕，你只要每秒'嘀嗒'摆一下就行了。"

新钟将信将疑地说："天下哪有这样简单的事情？如果真是这样，我就试试吧。"新钟很轻松地每秒钟"嘀嗒"摆一下，不知不觉中，一年过去了，它真的摆了3200万次。

每个人都希望梦想成真，成功却似乎远在天边，遥不可及。儿时的梦想越走越远，生活的压力和意外时时让我们不知所措。懒惰和不自信让我们怀疑自己的能力，甚至放弃努力。然而事实证明，再伟大的事情也是一点一滴努力奋斗的结果，走出第一步之后，只要我们保持一颗好学、勤奋、上进、善良的心，事业的成功就孕育在点点滴滴的努力之中。当你初次接触工作时，也许你会感到害怕和担心，不知道自己是否有足够的能力开辟一片属于自己的天空。当一个月后、一年后将自己的劳动所得拿到手中时，你会惊讶和感动。努力没有白费，付出必有收获。

不要再怨天尤人或是幻想未来，你需要做的仅仅是现在的点滴付出。每秒"嘀嗒"摆一下，成功的喜悦就会慢慢融入我们的生命。

强化训练

一、根据录音内容，选择正确答案

1. 几天前，中国首款拥有完全自主知识产权的纯电动新能源公交客车在重庆恒通客车公司正式下线。该车在行驶时可实现零排放，电机还可自动转化为发电机工作状态，实现制动减速时的能量回收。

问：根据这段话，下面哪项正确？

2. 有一位设计师花费了六年的时间发明了一种适用于骑车人的“隐形头盔”。这种头盔外观很像围巾，但当骑车人受到巨大撞击或突然摔倒时，它就会弹出内部安全气囊来保护佩戴者的头部。

问：关于“隐形头盔”，下面哪项正确？

3. 一名女子日前在咳嗽时咳出一枚果实种子，这名女子多年的咳嗽症也不治而愈。令人震惊的是，这枚种子已经在她的肺里停留了 28 年。据她回忆，这枚种子应该是 28 年前吃水果时不慎吸入肺中的。

问：关于这名女子，下面哪项正确？

4. 国际货币基金组织成立于 1945 年 12 月 27 日，它与世界银行同时成立，并列为世界两大金融机构。其职责是监察货币汇率和各国贸易情况，提供技术和资金协助，确保全球金融制度运作正常。其总部设在华盛顿。

问：关于国际货币基金组织，下面哪项正确？

5. 过去两年，我的生活简直发生了翻天覆地的变化，从一个一心想进大公司的小员工，变成了一个创业者和投资人。今年登上福布斯杂志封面，我刚做了第一个演讲，就被无数国外媒体报道，然后去全球做主题演讲。这让我觉得，有梦就要去追，敢拼就能实现。

问：关于说话人，下面哪项正确？

6 到 8 题是根据下面一段对话：

女：中国篮球协会为什么开展“小篮球发展计划”？

男：中国篮球协会肩负发展中国篮球的重任。少年强，则中国强；少年篮球强，则中国篮球强。我们实施“小篮球发展计划”，目的是通过制定标准，整合资源，从娃娃抓起，大力普及推广小篮球运动，吸引更多的少年儿童参与到篮球运动中，让他们在这项运动中体验快乐和挫折，学习到信任、团结、拼搏等优良品质，形成完善的人格。

女：如何推广小篮球运动呢？

男：中国篮球协会将以小篮球联赛为引领，通过政府主导、社会支持、市场助力的模式进行推动，以全国各小学为支柱，真正把篮球运动推广到基层的少年儿童中去，使之成为少年儿童最喜爱的运动之一，并养成终身参加体育锻炼的习惯。

6. 问：这段话说到了哪种体育运动？

7. 问：此项计划的目的不包括下面哪项？

8. 问：此项计划主要面向哪个学生群体？

9 到 12 题是根据下面一段话：

在城市，人们经常可以见到各种各样的街头雕塑。街头雕塑，指的是在道路两侧或交叉路口等位置布设的雕塑。

街头雕塑按照题材可分为纪念性、主题性和装饰性三类。纪念性雕塑一般是以历史上的人或事件为主题，它布设在特定地点，再现特定的历史人物和事件，显示一个国家的历史和民族精神。例如，在都江堰市布设的李冰雕塑，就是为了纪念李冰在设计和建造都江堰工程中做出的贡献。主题性雕塑是对某个特定地点、环境、建筑的主题说明，它必须与相应的环境结合起来。例如，在甘肃敦煌有一座“反弹琵琶”雕塑，它取材于敦煌莫高窟壁画。装饰性雕塑主要用来装饰街道环境，表现的内容就比较广泛了。

街头雕塑既美化了交通环境，又具有丰富的文化内涵，有的甚至成为城市人文精神的集中体现，在城市道路空间中起着不可估量的作用。

9. 问：这段话主要谈的是什么？

10. 问：李冰的雕塑属于什么类型？

11. 问：主题性雕塑应该注意什么？

12. 问：街头雕塑的作用不包括下面哪项？

二、根据录音内容，笔答下列问题

13 到 15 题是根据下面一段对话：

女：鲁院长您好，非常高兴您做客新华网！

男：谢谢。

女：网友们很想知道，人民妇幼医院每天有多少医生出诊？一共有多少个号？

男：30 多个医生，平均每天 500 多个号。

女：有网友说她的女同事在人民妇幼医院生孩子，出院的时候医院只开了一些维生素 K，而这位网友是在别的医院生的孩子，出院时医院开了一大堆的药。为什么会有这么大的区别？

男：维生素 K 对于产妇很重要，可以快一点儿止血。现在保健品满天飞，我主张产妇产后应该以健康的饮食为主，比如新鲜的蔬菜、水果，适量的肉类，这些基本营养就够了，不必吃各种补品、补药。

女：今年人民妇幼医院和中国妇女发展基金会共同开展了“母亲健康快车”活动，能介绍一下这个活动的情况吗？

男：我们派医疗队去内蒙古、新疆、甘肃、西藏、贵州与患者面对面。但这次活动的重点还是培训当地医生，要留下一支“不走”的医疗队，这是我们最终的目的。

13. 问：人民妇幼医院每天有多少医生出诊？一共出诊多少个号？

14. 问：男的为什么说不必吃各种补药？

15. 问：人民妇幼医院派医疗队去了很多地方，重点工作是什么？

16 到 18 题是根据下面一段话：

淘米水很不起眼儿，平时常常被白白倒掉。可是你知道吗？它在生活中却有许多妙用。

淘米水是天然的去污剂。比如，浅色衣服用淘米水浸泡一下，然后用肥皂洗涤，就会洁净如新。

淘米水是不花钱的化妆品。淘米水里含有很多营养物质，这些营养物质可以对皮肤起到保湿、抗老化和美白的作用。经常用淘米水洗手、洗脸，皮肤会变得光滑白净。

淘米水还具有护发、亮发的功效。据说，傣族姑娘的一头秀发就是淘米水的"佳作"。不过，她们用的淘米水要存放半个月或一个月的时间才能使用。因为淘米水经过沉淀发酵会含有丰富的 B 族维生素，可以帮助头发生成黑色的色素颗粒，从而使头发变得乌黑亮丽。

淘米水还具有一定的药用价值。特别是头一两次的淘米水，含有钾且呈弱酸性，加入食盐入药后具有清火、凉血、解毒的功效。

16. 问：淘米水中的营养物质对皮肤有什么作用？

17. 问：傣族姑娘用来洗头发的淘米水需要存放多长时间？

18. 问：什么样的淘米水最具有药用价值？

19 到 21 题是根据下面一段话：

有位妈妈有两个女儿，大女儿嫁给了一个卖伞的生意人，二女儿在染坊工作。这位母亲天天忧愁：天晴了，她担心大女儿的伞卖不出去；天阴了，她又担忧二女儿染坊里的衣服晾不干。她这样晴天也忧愁阴天也忧愁，没多久就白了头。一天，一位远方的亲友来看她，惊讶于她的衰老，问其缘由，不觉好笑。那亲友说："阴天你大女儿的伞好卖，你该高兴才是；晴天你二女儿染坊生意好，你也该高兴才是。这样你每天都有快乐的事，天天是好日子，你为什么不捡高兴专拾忧愁呢？"这位妈妈转念一想："言之有理！"从此，她笑口常开，每一天都很幸福。人的一生，总免不了遇到不快而生气，或遇到天灾人祸而痛不欲生，每当这个时候，我们该怎样去处理呢？跳出来换个角度看自己，自己就会在过日子中获得快乐，天天是好日子，心灵就会明亮，没有困境烦恼。

19. 问：大女儿的丈夫是卖什么的？

20. 问：这位妈妈心态的改变带给了她什么变化？

21. 问：这段话主要告诉我们什么？

答案：一、1. A　2. D　3. C　4. C　5. C　6. A
7. D　8. A　9. D　10. A　11. B　12. C

第3课　正确认识自己

热身

梅兰芳求教

京剧大师梅兰芳不仅在京剧艺术上有很深的造诣，而且还是丹青妙手。他拜著名画家齐白石为师，虚心求教，经常为白石老人磨墨铺纸，不因自己是个名演员而自傲。梅兰芳不仅拜名画家为师，也拜普通人为师。有一次演出，在众多喝彩声中，他听到有个老年观众说“不好”。演出结束后，梅兰芳把这位老人接到家中，恭恭敬敬地对老人说：“您说我不好，必有高见，请您赐教，我一定改正。”老人指出了他动作上的一点儿错误，梅兰芳恍然大悟，连声称谢。以后梅兰芳经常请这位老先生观看自己演戏，请他指正。

梅兰芳不满足于自己取得的成就，把自己的姿态放得很低，同时，他也懂得尊重别人。谦虚和尊重使他的能力、智慧、人生的境界都在不知不觉中提高了。

答案：1. C　2. B　3. D　4. A

精听

正确认识自己

大学毕业前，我出版了一本散文集。于是，我打算去省里最好的一家报社求职。那天，我很得意地直接去了社长办公室。没等社长开口，我便口若悬河地介绍自己，最后又把自己的散文集作为“压轴”宝贝，骄傲地拿出来放在他面前。

社长看了一眼包装精美的散文集，淡淡笑道：“读书阶段就能出书，不错。不过我现在有点儿忙，等我读完了再回复你吧。你先去参加我们报社的笔试，只要你有真才实学，是不会错过这份工作的。”

听了这番话，我就像吃了颗定心丸。那场笔试，我没怎么准备便去参加了。因为我几乎肯定，凭着一本凝结了四年心血的散文集，我可以毫不费力地将这份工作谋到手。

等我估计着社长差不多已将我的书读完且充分领略了我的文采的时候，我又去了他的办公室。他似乎已经把我忘记了，语气淡淡地问我有什么事。我提醒道：“我是那个读书时就出书的毕业生，我想您应该把我的书看完了吧。不知您觉得这份工作，我是不是一个最合适的人选。”

社长这才抬头看我一眼，说道：“笔试成绩出来了，如果你已经接到了面试通知，可以在两天后再来。至于你送给我的书，很抱歉，我想不起来放哪儿了。你可以去隔壁问问我的秘书。”

原本高傲的心，一下子被打击到最低谷。我不服，对社长说：“凭我的成绩，难道在这些应聘者里，还不算优秀吗？我的那本书，还不足以说明我的实力吗？”因为气愤，我的语气明显有些激动。

社长放下手中的工作，等我说完了，才慢慢解释道：“我们当然需要很多出色的员工，但是也请你一定要记住，你所引以为荣、最看重的东西，在别人眼里，或许并不怎么重要。每个人都有自己看重的方面，你不能要求别人将你手心里的宝贝也同样奉若明珠。我欣赏你的自信和才气，但我不喜欢你的骄傲和自得。在我的眼里，任何一个应聘者，不管能力大小，最重要的品质就是谦虚。毕竟，你只不过是一个没有任何工作经验的学生。”

听了这番话，我忽然意识到自己的问题。是的，我们所有的成绩，我们所看重的那个自己，对于别人，可以是珠宝，也可以是石子。不管什么时候，都应该谦虚一些，低调一些。只有正确认识自己，虚心向学，才能行走得更稳健。

答案：二、1. B　2. A　3. C　4. D
三、1. ×　2. ×　3. √　4. ×　5. √　6. ×　7. √　8. √

泛听

我站在巨人的肩膀上

爱因斯坦是一位声誉显赫的科学家，深受人们敬仰，而他却始终保持着谦逊的品质。很多记者、画师、雕塑师来找他拍照、画像、塑像，他对此却十分不满。他认为自己不是什么天才，只是一个忠实而勤勉的追求真理的人。爱因斯坦还总结了一个成功公式：成功 = 艰苦的劳动 + 正确的方法 + 少说空话。

牛顿也是科学史上的巨人之一。他发现了万有引力定律，总结出了成为经典力学基础的牛顿运动定律。在数学、光学、热力学、天文学等方面，他都成就斐然。然而他也是一个非常谦逊的人。友人说他是“我们这个时代的伟人”，他听了摇摇头，说：“不要那么说，我不知道世人怎样看我，我只觉得自己似乎是一个在海边玩耍的孩子，偶然拾到了几只光亮的贝壳，但真理的汪洋大海在我的眼前还未被发现、被熟悉呢。”

爱因斯坦和牛顿这样的科学巨擘，为全人类做出了卓越的贡献，然而他们却如此低调谦虚。爱因斯坦认为，在科学的道路上有许许多多人在共同奋斗，各人有各人的工作，各人有各人的贡献，自己所走的道路是前人走过的道路的延伸，科学的新时代是在前人努力的基础上开辟的，因此他总是抱着敬仰和感激的心情赞赏前人的贡献。而这也正像牛顿评价自己的：“假如我比别人看得远些，那是因为我站在巨人们的肩膀上。”

强化训练

一、根据录音内容，选择正确答案

1. 中国社科院法学所研究员周汉华说，新出台的网络安全法强调网络运营者要对收集的用户信息严格保密，这在一定程度上确定了“被遗忘权”，也就是说网络运营者收集了用户的信息，用户有权要求删除或者更正，这是很大的进步。

问：关于网络安全法，下面哪项正确？

2. 澳门作为亚洲娱乐之都，旅游业、会展业都很发达。澳门拥有资金、人才、信息等方面的优势，正在建设“世界旅游休闲中心”。最近，全球规模最大的水上表演《水舞间》在澳门水上剧院上映，吸引了全世界的目光。这是一个穿越时空的史诗式爱情故事，将观众带入了前所未见的视觉震撼中。

问：根据这段话，下面哪项不正确？

3. 1999 年发行的第五套人民币，各面额纸币正面均采用毛泽东主席建国初期的头像，背面主景选用了有代表性的富有民族特色的图案，充分展现了我国悠久的历史和壮丽的山河，弘扬了我国伟大的民族文化。第五套人民币的六种硬币分别选择我国一种传统名花图案置于硬币中央，外观典雅、古朴而不失时代感。

问：关于第五套人民币，下面哪项正确？

4. 科学研究表明，胎儿在母亲腹中 17 周时，已经可以听到声音，感受到外界的震动，部分情感丰富的婴儿便会根据自身情绪做出相应的反应。报纸上刊登出的这一张扫描照片中，这名刚好 17 周大的胎儿露出了震撼人心的笑容。

问：关于 17 周大的胎儿，下面哪项正确？

5. 近日，在某论坛一个关于老人进养老院的调查中，八成参与调查的网友表示不愿将老人送进养老院。但记者在采访中发现，一些老人为给子女减轻负担，表示可以接受入住养老院；还有一些老人表示，很向往养老院的生活。社会学家认为，应当在改变传统观念的同时，提倡新型养老模式。

问：根据这段话，下面哪项正确？

6 到 8 题是根据下面一段对话：

女：《最美中国》第二季已完美收官，您能简单说说拍摄的过程吗？

男：《最美中国》第二季从西藏林芝、云南红河到乌兰茶卡途经 8 个省区市，航拍里程达 3 万多千米，被网友称为“中国人文旅游指南”。

女：我了解到，作为中国首部航拍虚拟现实纪录片，《最美中国》两季共拍摄了 20 多个省区市，航拍里程达 13 万多千米，播放达 1.2 亿次，受到了观众的喜爱。那么，第一季和第二季有什么不同的着眼点呢？

男：《最美中国》第二季，在内容上更偏重对中国民族文化的挖掘：走进云南红河揭秘神秘的哈尼文化，去锡林郭勒大草原看“天下第一大敖包”，等等。如果说第一季《最美中国》是用鸟瞰中国的视角去展示气势恢宏的中国地图，那么，这一季则通过普通人的故事，去呈现中国民族文化的博大精深。

6. 问：《最美中国》第二季拍摄期间途经多少省区市？

7. 问：《最美中国》两季的航拍里程一共是多少？
8. 问：《最美中国》第二季的内容侧重于什么？

9 到 12 题是根据下面一段话：

近期，北京举办了“砥砺奋进的五年”大型成就展。展览聚焦党的十八大以来的重大时间、事件节点，内容涵盖改革发展稳定、内政外交国防、治党治国治军各个方面。

成就展共规划了 10 个主题展区和特色体验区。第一展区是序篇，集中凝练展示党的十八大以来的重大决策部署和新面貌、新气象；第二至第十展区分别展示经济建设、政治建设、文化建设、社会建设、生态文明建设、国防和军队建设、中国特色大国外交、“一国两制”实践、党的建设等方面取得的辉煌成就。特色体验区以“前沿科技”和“盛世景象”为主题，集中展示了我国互联网领域的前沿科技成果。

除了文字、图片、视频外，展馆还规划了大型实物和沙盘模型，特别设计了观众互动体验项目，这是本次成就展的一大亮点和创新。

9. 问：此展览有几个主题展区？
10. 问：第二展区展示的是什么主题？
11. 问：特色体验区展示了什么？
12. 问：本次成就展的亮点和创新是什么？

二、根据录音内容，笔答下列问题

13 到 15 题是根据下面一段对话：

女：各位听众好，今天接受我们采访的是当今乐坛杰出的指挥家余先生。余先生，我知道您身兼数职，您每天这么繁忙，您的时间、精力是怎么分配的？

男：我有一个特点，就是自我控制能力非常好，我做事情的计划性比较强。我还有一个特点，就是睡眠时间少。

女：那您睡得好吗？

男：我睡眠的质量比较好，所以我可以比别人挤出更多的时间来。

女：一般人睡八个小时才能精力充沛，您呢？

男：我基本上只睡四到五个小时。这可能跟每个人的身体情况、生物钟的情况有关。我觉得每个人的精力都是有限的，如何调配自己的时间很重要，我是个自律性非常强的人，什么时间做什么是非常严格的；另外，如果工作的团队好的话，也会节省很多精力，我所在的乐团工作效率很高，大家在工作中配合得也很好，这样，我才有更多精力思考专业问题，解决专业问题。

13. 问：男的认为他有什么特点？

14. 问：男的睡多长时间就觉得精力充沛了？

15. 问：男的睡眠少又精力充沛的原因是什么？

16 到 18 题是根据下面一段话：

有专家认为，新课程改革应该先在农村小学实施，有些农村地区教学设备、师资力量欠缺，这使改革开展起来很难。专家建议改革应先以农村小学为主要实验基地，然后再推向城市，而不是现在的由城市向农村推广。在农村可以真正有效开展的课程改革相信在城市不会有什么困难，反之则不然。除此以外，教育行政管理部门应出台相应的评价制度，对教师的教学行为进行恰当的评价，对学生的学习进行全方位的评价。怎样评价教学工作，就会有怎样的教学。因此，专家建议应该建立起真正恰当的评价体系，让一线的教师能大胆地进行课程改革。

16. 问：专家认为新课程改革应该先在哪里实施？

17. 问：农村地区开展课程改革的困难是什么？

18. 问：专家认为教育行政部门还应该出台什么样的评价制度？

19 到 21 题是根据下面一段话：

央行刚刚发布通告，将于下月发行楷书“和”字书法纪念币。“和”字书法纪念币，由不同写法的五个书法“和”字为主题。2009 年、2010 年、2013 年、2014 年已经分别发行了第一组篆书“和”、第二组隶书“和”、第三组行书“和”、第四组草书“和”纪念币。这次发行的是第五组楷书“和”字纪念币。这一套纪念币不仅体现了中国独有的书法文化，更表达了中国人的人文精神、中华民族的高深哲学思想。

自 1984 年 10 月 1 日建国三十五周年至今，中国人民银行已发行了 70 余套 97 枚普通纪念币。

19. 问：下月发行的“和”字纪念币是什么字体？

20. 问：第一组“和”字纪念币是什么时候发行的？

21. 问：这套纪念币有什么含义？

答案：一、1. C　2. C　3. B　4. A　5. B　6. C
7. C　8. B　9. C　10. A　11. C　12. B

第4课 拧 螺 丝

热身

把预期降低一小格

他是一家著名投资公司的前掌门人。16岁时，身无分文的他和好友一起求职，但是连续受挫。一天，他们走进一栋交易大厦，挨个儿办公室询问是否招人，但是从早上一直问到晚上，都没有结果。最后一家著名投资公司的一位员工告诉他们，明天可以再来问问，好像大堂需要个清洁工。

好友抱怨说："这活儿打死我也不干！"而他叹了口气，宽慰朋友说："这里环境不错，估计也不会太脏吧。"好友却摇摇头，已经下定了决心。

第二天，他独自来到这家公司，果然当上了清洁工，负责给人们掸衣服上的灰、擦鞋上的泥。他每天都很忙碌，但是只要有工作空隙，他就跟着这家投资公司的人学习金融知识，还结识了很多朋友。没多久，他被推荐到传达室当了领班，此后青云直上，38岁就当上了这家投资公司的总裁。

有时，人生的转机就藏在我们降低的预期中，哪怕只是降低一小格。

答案：1. D　2. C　3. A　4. B

精听

拧 螺 丝

王天翔，头脑简单，长得五大三粗。初中毕业后，他进了一家汽车修理厂，老板让他拧螺丝。两个月过去了，与他同时进厂的员工早就学会并且开始学习修车了，有的人已经不愿意干这活儿，跳槽走人了，可是他还是一丝不苟地拧着他的螺丝。他这人虽然学得慢，可是学得认真，比如他会记录，会琢磨。各种螺丝的用法他都记录在案，慢慢就记熟了，也就是说，他拧螺丝只要记住圈数，螺丝就紧了、到位了。

但是拧牢后，他又觉得速度太慢，于是又开始琢磨。他发现刚开始拧螺丝都是一样的轻松感觉，快拧牢时才开始有手感，而精确到位时的手感非常特殊与敏感，如果能找到"感觉"，那就简单多了。他闭着眼睛去感受，发现往往拧得准确到位时最舒服，再加一丝一毫，就会别扭。

就这样，他足足拧了三年的螺丝。在一次拧螺丝大赛中，他的速度不是第一，但是他有一个特点却被观众席上的一位董事长发现了，就是他拿工具拿得最准，他拧的螺丝都是一次到位。最后检查质量时，他拧的螺丝百分之百既没有松动，也没有过紧，所以王天翔在比赛中获得了质量冠军。

那位董事长请王天翔去航空公司修理厂工作，于是王天翔又开始钻研拧飞机螺丝的技术。渐渐地，他掌握了听声音来判断的能力。在他看来，拧螺丝就像是听音乐，因为不同螺丝，不同深度，不同紧度，其声音是不同的，而共同特点就是声音非常和谐的时候就是拧得最合适的时候。他甚至可以闭着眼睛只听声音就能把螺丝拧好。

王天翔成了当地有名的“螺丝工”。后来某航天中心居然想调用他，负责人说：“我们这里不缺尖端高科技人才，可就缺做基础工作的高级人才。比如拧螺丝，大学生不愿意做，没有谁愿意一辈子做，而你却是这方面的最高级人才。”王天翔把拧螺丝当成一项很庄重的工作，甚至当成做一件艺术品来做，每拧一个螺丝他都会根据手感、声音以及形态，多方面判断。就这样，他拧的螺丝十全十美，从而确保了航天器上无数螺丝的绝对安全。

其实，不管干什么都能成才，关键不是干什么，而是怎么干。耐心、专注、严谨，精益求精，不投机取巧；爱岗、敬业、坚持，用心做事，不半途而废。这种“工匠精神”来源于内心的热爱，来源于对本真的追求，来源于对工作、对自己的尊重。

答案：二、1. A　2. B　3. C　4. B
三、1. ×　2. ×　3. √　4. √　5. ×　6. ×　7. ×　8. √

泛听

精益求精

马庆坤出生在山东农村，初中毕业后，一个偶然的机会，他进入了天津一家手表制造厂，成了一名普通的工人。

当时年仅 21 岁的马庆坤，每天有 10 多个小时都是和师傅待在工厂车间里，和指甲盖儿大小的精细零件打交道。每次同乡聚会几乎都找不到他，但是只要车间里的灯还亮着，一定能看到他勤勤恳恳工作的身影。以这样的工作热情和钻研精神，马庆坤很快掌握了工作要领，操作技术也日益娴熟，从一名普通操作工成长为换向车间的模具专业维修人才。

换向车间主要生产高档全自动手表机芯中的关键零部件——换向轮，技术要求高，操作难度大。马庆坤顶住压力，一边阅读国内外期刊，搜索专业领域最前沿的技术知识，提高自己的专业能力，一边专心致志地投入到车间的工作中。在确保日常维修到位快、质量好的同时，马庆坤还着力对某些技术关键问题进行研究，不断改进操作方法，提出了很多实用的改进方案。他保质保量地完成了任务，成功地转型为一名生产上的多面手。

马庆坤说：“每当看到越来越多的人佩戴着我们厂的手表时，我心中都无比自豪。这些年来，我们国家民族品牌的产品和国际知名品牌的技术差距正在逐渐缩小，甚至有的技术水平已经超过了国际大牌。我希望越来越多的人能够支持我们的民族品牌，作为一名普通工人，我也愿意为自己国家民族品牌的发展壮大做出贡献。”

强化训练

一、根据录音内容，选择正确答案

1. 科威特成为世界著名的石油开采国纯属偶然。自古以来，科威特人都渴望找到饮用水。20 世纪 50 年代科威特人到处钻井寻找，没有发现饮用水，却找到了蕴藏在地下的石油。他们依靠出口石油的收入，建造了一些大型海水淡化厂，解决了居民的部分饮水问题。

问：关于科威特，下面哪项正确？

2. 软件产业将接受工艺价值的回归。到 2020 年，软件产业将回到“手工作坊”的时代，为不同用户定制不同的软件，而不是像目前这样大规模地工业化生产。软件产业将成为更大范围的“手工制作”潮流中的一部分。

问：关于软件产业，下面哪项正确？

3. 作为著名音乐人的女儿，她说自己的创作灵感可以来自任何地方：“可能是跟一个人的一番对话，或者是一张照片，或者是走在路上的一个想法。总之，随时都会迸发出火花。但其实有时候音乐不需要灵感，就是想写了，就去写，因为好玩儿。”

问：关于音乐人的女儿，下面哪项正确？

4. 维生素 C 是头发生长必不可少的营养成分，能促进细胞再生，对治疗脱发有辅助作用。新鲜水果、绿色蔬菜都富含维生素 C，如樱桃、苹果、大枣、番茄、冬瓜、萝卜、大白菜、藕、菠菜、芹菜、韭菜、辣椒等。

问：根据这段话，下面哪项正确？

5. 据香港《文汇报》27 日报道，一名瑞典男子独自驾驶游艇从英国前往澳大利亚，在途中遭遇暴风雨袭击，船体受损，男子在海上漂流了 78 日后获救，他因此瘦了近 20 公斤。这位现年 66 岁的男子目前已返回瑞典休养，并表示以后再也不会独自渡洋了。

问：关于这名男子，下面哪项正确？

6 到 8 题是根据下面一段对话：

女：李师傅，劳模表彰会后，您最近忙些什么？

男：除了工作外，就是进工厂、车间、学校、军营进行宣讲，每周两场。大家热情很高，场场座无虚席，听课人数已经超过 2000 人次了。

女：听说您也回母校做报告了？主要给师生们讲些什么呢？

男：是的，去学校那天，我专门带了从人民大会堂买回来的纪念邮册，为的是让大家尽可能体会当时的大会气氛。我主要是结合自己的工作经历和学校特点，重点谈了谈对新时期劳动者如何弘扬劳模精神、工匠精神的理解。

女：能具体说说您和师生们的互动情况吗？

男：作为新时代的劳动者，我们的工作只有岗位不同，没有贵贱之分；人人都能成才，实现自我价值，人人也都能创新，为社会创造价值。这是师生最感兴趣也最认可的话题。有学生问我“怎么理解工匠精神”，我用三个字概括，就是“专、精、创”。专，就是专注；精，就是精益求精；创，就是创新。

6. 问：“座无虚席”是什么意思？

7. 问：男的为什么带纪念邮册去学校？

8. 问：男的认为“工匠精神”是什么？

9 到 12 题是根据下面一段话：

按照钱学森先生的观点，地学是六大自然基础学科之一。我们地质大学拥有国内甚至国际知名的地学学科群，所欠缺的是社会学科和人文学科的同步繁荣。我们的重点在地学，但也要努力办好人文学科，使地质大学自然科学、社会科学、人文科学三大部类的专业鼎足而立。但我们作为一个理工类院校，要真正办好人文学科，就必须把社会科学、人文科学与地学学科及其延伸学科结合起来，形成一个互动的有机体。

许多著名的综合性大学都设有哲学、艺术、法学、管理学、经济学等人文社科类学科，我们如果按部就班按照传统模式发展，只能亦步亦趋，很难赶上。但如果我们能够很好地把法学与资源、环境结合起来，把经济学、管理学和资源产业结合起来，把哲学和地学结合起来，我们就能形成自己的特色，拥有自己的优势。

9. 问：说话人认为地质大学的优势是什么？

10. 问：说话人认为地质大学欠缺的是什么？

11. 问：地质大学如果按照传统模式发展人文社科类学科，会是什么结果？

12. 问：说话人认为地质大学怎样才能办好人文学科？

二、根据录音内容，笔答下列问题

13 到 15 题是根据下面一段对话：

女：首先感谢您在工作之余接受我们的采访。我们都知道中年人的压力很大，那么，对您来说，您现在的压力都来自哪些方面？

男：中年人的责任很大，一是上有老人，二是下有孩子，三是工作。

女：那请您就这三个方面简单地谈一谈。

男：老人们辛辛苦苦把我们拉扯大，早年因为工作和照顾我们，身体都不是太好。他们为我们辛苦操劳了一辈子，最起码我们应该给他们一个幸福的晚年。

女：那您是怎么看待不赡养老人的问题的？

男：不赡养老人的行为很恶劣。老人辛苦一辈子换来的是凄苦的晚年，于情于理都不合适。做儿女的，任何时候都应该好好儿担负起赡养老人的责任。

女：您说得对。除此以外，我们还要养育下一代。

男：是啊，现在对孩子的教育、成长等也是需要付出精力和金钱的。

女：是的，这是很多中年人都要面对的。

男：而且，中年人在工作单位往往是骨干力量，责任大，压力也大。社会发展很快，还需要不断学习。当然，中年是每个人都必经的阶段，我也承认，现在的我比以往任何时候都更有经验和智慧。

13. 问：男的的压力来自哪些方面？

14. 问：男的怎么看待不赡养老人的问题？

15. 问：男的在工作中的感受是什么样的？

16 到 18 题是根据下面一段话：

西安，古称长安、镐京，拥有 5000 多年文明史、3100 多年建城史、1100 多年建都史，是我国四大古都之一，是中华文明重要发祥地之一。我国历史上多个朝代都在此建都。1981 年西安被联合国教科文组织确定为“世界历史名城”。

西安自然生态环境优美。位于西安南面的秦岭被誉为我国的“中央公园”，是我国地理和气候的南北分水岭。2009 年秦岭终南山成功通过联合国教科文组织评审，成为世界地质公园。西安目前已有六处遗产被列入《世界遗产名录》，分别是：秦始皇陵及兵马俑、大雁塔、小雁塔、汉长安城未央宫遗址、唐长安城大明宫遗址、兴教寺塔。

新中国成立以来，已经有 200 多位外国首脑和政要访问过古都西安。

16. 问：西安被联合国教科文组织确定为什么？

17. 问：秦岭有什么地理方面的意义？

18. 问：西安有哪些“世界遗产”？

19 到 21 题是根据下面一段话：

刷牙虽然是人们日常生活中每天都要做的事情，但是，并非每一个人都懂得如何正确刷牙。

首先，刷牙不能干刷，干刷容易损伤牙龈。刷牙前应该先将沾有牙膏的牙刷蘸蘸水，特别是天气干燥的季节。对一般牙膏来说，刷牙前蘸水还是不蘸水是不影响清洁程度的，只要时间够、方法对就行。但是，如果使用的是脱敏牙膏，那最好还是不要蘸水，以免破坏牙膏中的有效成分。

另外，牙刷的软硬也因人而异，如牙周病患者就需要选择软毛牙刷，没有牙周病的人可以选择硬度中等的牙刷。同时，牙刷不要使用太长时间，否则牙刷容易积存细菌，不利于口腔健康。

保持口腔卫生很重要，刷牙不仅能消除口腔异味、食物碎屑和牙菌斑，同时还能按摩牙龈，减少口腔环境中的致病因，对于预防牙周病很有效果。

19. 问：刷牙前应该先做什么？

20. 问：使用脱敏牙膏要注意什么？

21. 问：选择牙刷时要注意什么？

答案：一、	1. A	2. A	3. A	4. C	5. A	6. A
	7. C	8. B	9. D	10. D	11. C	12. C

第 5 课　文化才是民族的故事

热身

饮茶的起源

关于饮茶的起源，我国民间有不同的说法。被誉为“茶圣”的陆羽在《茶经》中记载：“茶之为饮，发乎神农氏。”神农氏发现茶的饮用和药用价值，是有关我国饮茶起源最普遍的说法。

相传神农氏立誓遍尝百草，用来制药，解除百姓们的疾病之痛。他也因此数次中毒，但都凭借丰富的自救经验死里逃生。

有一天，神农氏又进山采药，到了中午，火辣辣的太阳在天上照着，他不觉有些口干舌燥起来，便就近寻找水源，以解口渴之苦。忽然，一片树叶飘到眼前，他拾起一看，却不知是什么。

神农氏本就有遍尝百草的誓言，这次当然也不会错过。但由于几次教训，他也不由得慎重起来。这片树叶颜色清绿可爱，还有一股清香扑鼻而来。凭着丰富的经验，神农氏知道它应该是无毒的，便伸出舌头舔了舔，竟然苦涩异常。神农氏马上断定它是一种解渴提神的药，这，其实就是茶叶。这之后茶叶的种类越来越多，茶文化也越来越博大精深。这恐怕是神农氏所始料未及的。

答案：1. C　2. C　3. A　4. D

精听

文化才是民族的故事

柏拉图说过：“谁会讲故事，谁就拥有整个世界。”我一直在想，对于中华民族，什么才是民族的故事呢？是文化。

有人或许会说：“不，我们有 GDP①，我们有钱，我们有高楼。”如果把一个民族比喻成一个人，那么，GDP、钱和高楼就是这个人身上的外套和脸上的气色。气色好当然好，但是骨子里没有文化，脑子里没有思想，外套是名牌又有什么用呢？

前几天我去了德国的莱比锡。莱比锡有博览会，还有保时捷② 的生产基地。但是到了那里，他们首先提的是巴赫③。巴赫在那里生活过二十多年，瓦格纳④ 在那里出生，门德尔松⑤ 在那里出任乐团指挥，并创建了莱比锡音乐学院：每个人都对这一切如数家珍。莱比锡的街道上有许多金属做成的音符，那是地面的路标，指引着人们通往一个又一个故居。

---

① GDP 是国内生产总值的缩写。

② 保时捷是一家德国汽车生产商，以生产高级跑车闻名于世。

③ 巴赫（1685—1750），德国著名作曲家，杰出的管风琴、小提琴、大键琴演奏家，被尊称为“西方近代音乐之父”，也是西方文化史上最重要的人物之一。

④ 瓦格纳（1813—1883），德国作曲家，著名的浪漫主义音乐大师。

⑤ 门德尔松（1809—1847），德国著名作曲家，被誉为“抒情风景画大师”，作品以精美、优雅、华丽著称。

见到莱比锡市长的时候，我们问："莱比锡将来要打造成德国东部的著名城市吗？"市长回答："一个拥有巴赫的城市，怎么能只满足于成为德国东部的著名城市呢？我们要成为国际著名的城市。"他们的底气源于巴赫在那里生活过。

我去浙江南浔古镇时，当地人领我们去了藏书楼。当年，楼主人爱书成痴，把前两代积累的巨大财富全买成了书，一共有 17 万册孤本、善本，建成了这座藏书楼。现在，这座藏书楼是南浔最著名的古迹之一，也是浙江图书馆的分馆。周恩来总理在解放南浔之前专门有一个批示，告诉解放军这里有座藏书楼，不许炮火轰击，要保护。这 17 万册书，让这个家族流芳百世。

600 多年前，在富阳郊区的深山老林里，一位叫黄公望的 80 多岁的老人开始画《富春山居图》[①]。我相信 600 多年前城市里的人也都在做与钱有关、与名有关的事，而这位文化人孤寂地在山上作画，一画就是好几年。600 多年过去了，当时那些有权有名有势的人都烟消云散了，这座城市却因为这幅画而名扬海内外。

（作者：白岩松　选自《白说》 有改动）

答案：二、1. D　2. B　3. D　4. A

三、1. √　2. ×　3. ×　4. ×　5. ×　6. √　7. √

泛听

我国的三大国粹

誉满中外的京剧、国画、中医，被世人称为中国的"三大国粹"。这三者具有鲜明的中国特色，显示了中华民族独特的艺术渊源和技艺发展的轨迹。

京剧有两百多年的历史了，是全国流行的剧种。清代乾隆年间，原在南方演出的三庆、四喜、春台、和春四大徽班陆续进入北京，他们与来自湖北的汉调艺人合作，同时接受了昆曲、秦腔的部分剧目、曲调和表演方法，又吸收了其他一些地方民间曲调，通过不断的交流融合，最终形成京剧。京剧在表演上唱、念、做、打并重，多用虚拟性的程式动作。自形成以来，经程长庚、谭鑫培、梅兰芳等京剧名家改革、创新、发展，产生了许多风格不同的流派。

国画是世界东方画中的主要画种，已有几千年的历史，主要是指用毛笔、墨、国画颜料等画在绢、宣纸、帛上，并加以装裱的卷轴画。国画基本分三大类：人物画、山水画、花鸟画。国画在表现方法上属于现实主义和浪漫主义的结合，技法可分工笔和写意，它的精神内核是"笔墨"。它与文学、书法、篆刻有机地结合在一起，并以特有的装裱工艺装饰画幅。

中医已经有数千年的历史了。中医的基本理论体系是阴阳五行学说。中医判断疾病的手段主要是"四诊"，即望、闻、问、切。中医分析疾病主要是"八纲辨证"，即从阴、阳、表、里、寒、

①《富春山居图》是元朝画家黄公望的代表作。全图以浙江富春江为背景，用墨淡雅，极富于变化，被称为"中国十大传世名画"之一。

热、虚、实八个方面去归纳概括病变的部位、性质及印证双方力量消长情况，进而协助恢复人体的阴阳平衡。

强化训练

一、根据录音内容，选择正确答案

1. 长三角、珠三角、京津冀地区，目前已形成大都市经济区，就现在的发展看，重庆和成都有条件、有实力成为中国第四个大都市经济区。大都市经济区在空间上表现为高速通道连接的、庞大的、多核心的城市群，金融机构众多，跨国公司聚集，第三产业发达。

问：根据这段话，下面哪项正确？

2. 英国军情六处负责人约翰·索沃斯 28 号发表公开演讲，谈及全球安全威胁和军情六处的工作。这是英国历史上首位在任谍报机构负责人公开发表演讲。英国军情六处成立于 1909 年，负责搜集海外情报，隶属英国外交部。

问：根据这段话，下面哪项正确？

3. 盆景因颇具观赏性，被人们誉为“立体的画”和“无声的诗”。盆景最早源于中国，在陕西发掘出土的唐代墓地中，就有女子手托盆景的壁画，这是迄今所知的世界上最早的盆景实录。根据栽培技法，中国盆景分为海派、岭南派、苏派、扬派、川派等多个派系。

问：关于盆景，下面哪项不正确？

4. 今年 9 月，教育部职业教育与成人教育司发布《关于做好 2017 年高等职业学校拟招生专业申报工作的通知》，公布了 2016 年的 13 个增补专业，其中包括“电子竞技运动与管理”，属于教育与体育大类下的体育类。不久后，内蒙古锡林郭勒职业学院开设了这个专业，面向社会招生。

问：关于“电子竞技运动与管理”专业，下面哪项正确？

5. 受厄尔尼诺现象影响，巴西亚马孙地区今年降水量少于往年，亚马孙河两大主要支流之一内格罗河的水位近日降至海拔 13.63 米，为 1902 年以来的最低值。38 个亚马孙河沿岸村镇因干旱缺水进入紧急状态。政府已向当地居民提供了 600 吨食品援助。

问：根据这段话，下面哪项正确？

6 到 8 题是根据下面一段对话：

女：首先感谢您接受我们《人物周刊》的专访。请问，您的新书写到什么程度了？主题是哪方面的？

男：接近尾声了，还要三四个月吧。这本书是写我从出生到中学毕业这期间的经历，侧重童年经历。童年经历决定人的一生，回顾童年，我才发现很多东西早已被决定了。记忆像迷宫的门，追溯童年经历就是一个不断摸索、不断开门的过程。

女：那您以后会写自传吗？

男：大概不会真的写自传。我今年60岁，可分为三段：出生到20岁开始写诗，这是第一段；20岁到40岁是在国内“折腾”，办杂志，搞翻译，换工作，最后成为自由职业者，这是第二阶段；40岁那年开始漂泊至今，这是第三段。我的人生阶段很清晰，这样交代起来省事。

女：我知道您是北京人，在外漂泊了这么多年，您中间回过几次北京？

男：到现在回过五次，每次回去在北京待的时间都没超过一个月。2001年底是开始漂泊后第一次回北京，震动最大。北京完全变了，记忆里和老北京的联系被割断了，好像在故乡反而迷失了，在高楼大厦间，连自己的家门和读过书的学校都找不到了。

6. 问：关于男的的新书，下面哪项正确？

7. 问：关于男的，下面哪项正确？

8. 问：男的第一次回北京时为什么震动很大？

9到12题是根据下面一段话：

每年农历八月十五是我国传统的中秋佳节。这时是一年秋季的中期，所以被称为中秋，也称仲秋。八月十五的月亮比其他几个月的满月更圆、更明亮，人们仰望天空的明月，自然会期盼家人团聚。远在他乡的游子也借此寄托对故乡和亲人的思念之情。所以，中秋节又称“团圆节”。

中秋节有悠久的历史，和其他传统节日一样，也是慢慢发展形成的。古代帝王有春天祭日、秋天祭月的礼制，早在《周礼》一书中已有“中秋”一词的记载。后来贵族和文人学士也效仿起来，在中秋时节，对着天上又亮又圆的一轮皓月，观赏祭拜，寄托情怀，这种习俗就这样传到民间，形成一个传统的活动。到了唐代，这种祭月的风俗更为人们重视，中秋节才成为固定的节日。这个节日盛行于宋代，至明清时，已与元旦齐名，成为我国的主要节日之一。

关于中秋节的传说非常丰富，嫦娥奔月、吴刚伐桂、玉兔捣药之类的神话故事流传甚广。

9. 问：关于中秋节，下面哪项正确？

10. 问：关于中秋节的发展，下面哪项不正确？

11. 问：中秋节盛行于哪个朝代？

12. 问：下面哪项不是关于中秋节的传说？

二、根据录音内容，笔答下列问题

13到15题是根据下面一段对话：

女：2000年以来，有70多个国家的1000多位科学家开始参与“海洋生物大普查”项目，您也是成员之一。听说您的科研小组在夏威夷海域发现了一些新的海洋物种，是这样吗？

男：是的。我们平均每年都会发现数以千计的海洋动物新物种。在初步的研究工作中，我们已经确认有上百种以往从来不曾在夏威夷水域发现过的海洋动物。

女：那科学家们是如何确定新物种的呢？

男：这些物种可以说在整个夏威夷岛的食物链里都没有任何记录。其中有些物种很可能是世界科学领域的最新发现。

女：在这样的物种采集工作中，您感受最深的是什么？

男：在新发现的物种中，有很多非常漂亮，人们第一眼看到都惊呼："哇！这是什么呀？"有人甚至怀疑这么漂亮的生物不是真的，还有人认为这是在实验室中培育出来的。然而，它们的确是大自然的杰作，是进化历程中出现的美丽物种。希望我们的工作能够引起人们对美丽的海洋生物的关注，从而以实际行动更好地保护日趋脆弱的海洋生态环境。

13. 问：男的是做什么工作的？

14. 问：男的在工作中感受最深的是什么？

15. 问：男的希望自己的工作能产生什么影响？

16 到 18 题是根据下面一段话：

随着"国学热"不断升温，人们在重新认识传统文化价值的同时，也在重新认识传统教育的价值，而书法教育正是传统教育的重要组成部分。

许多家长和学生有接受书法教育的愿望和热情，但应试教育和"应赛教育"的功利倾向，导致一些人认识和做法上的偏差。很多人以为书法教育只是单纯的写字技法训练，把学习书法当作学一技之长，目标是让孩子在比赛中获奖，却忽视甚至无视书法的文化内涵。一些书法培训班的学生，一学期甚至几年都在练习写同一首唐诗，好去参加比赛。

其实，书法是一门综合艺术，书法教育是一门承载汉字文化、传承民族精神的学科，不应止于竞技需求，也不应止于艺术追求，而应关心人的综合素质提升和精神修养。端正对于书法教育意义的认识，是眼下的当务之急。

16. 问：是什么导致了一些人对书法教育认识和做法上的偏差？

17. 问：很多家长让孩子学习书法的目标是什么？

18. 问：关于书法教育，当务之急是什么？

19 到 21 题是根据下面一段话：

西方笔迹学家在一项实验中发现，汉字属于"复脑文字"，书写汉字有助于左右半脑功能的协调发展。一代又一代人书写汉字，塑造了中华民族特有的功能"和谐"的脑，形成了中华民族独特的思维方式。长期书写汉字对培养人的想象力和创造力也有价值。

练习书法对人的个性、气质、情绪的影响很大。实验数据表明，练习书法具有稳定情绪、集中注意力、激活认知、加强知觉敏感性等作用，并且可以降低焦虑水平，对人的情绪状态有积极影响。

练习书法过程中，人一般有两种状态：一种是“虚静态”，这种状态对形成温和的性情、锻炼自我控制能力具有很大的作用，对改变浮躁心态有积极影响；另一种状态是“炽情态”，这是一种激情奔放、欲罢不能、一吐为快的创作心态，这种心态可以帮助人舒缓压力、宣泄焦虑，调整好心情，变得轻松愉快。

19. 问：“复脑文字”是指什么样的文字？

20. 问：长期书写汉字对人有什么好处？

21. 问：练习书法过程中的“炽情态”有什么作用？

答案：一、1. D　2. D　3. D　4. A　5. D　6. C
7. B　8. B　9. A　10. C　11. C　12. B

第 6 课　最好的老师就是阅读

热身

世界读书日

1972 年，联合国教科文组织向全世界发出了“走向阅读社会”的倡议，提倡人人读书，让读书成为人们日常生活中不可或缺的部分。

1995 年，联合国教科文组织宣布 4 月 23 日为“世界读书日”，致力于推动更多人去阅读和写作，保护知识产权。

世界读书日的主旨宣言为：“希望散居在全球各地的人们，无论你是年老还是年轻，无论你是贫穷还是富有，无论你是患病还是健康，都能享受阅读带来的乐趣，都能尊重和感谢为人类文明做出巨大贡献的文学、文化、科学大师们，都能保护知识产权。”

有资料表明，自世界读书日设立以来，已有超过 100 个国家和地区参与了此项活动。很多国家在这一天或者前后一周、一个月的时间内都会开展丰富多彩的活动，图书馆、媒体、出版商、学校、商店、社区等也会在这段时间组织赠书、读书等鼓励人们阅读的活动，把读书的宣传活动变成一场热热闹闹的欢乐节庆。

答案：1. C　2. C　3. A　4. C

精听

最好的老师就是阅读

我童年最大的痛苦就是没书读，而现在最大的痛苦就是书太多读不过来。我总结出一条经验：当书越多时，实际上人读书的热情就越淡薄；当书越少或者找不到书读时，人渴望读书的热情就会越高。

我 1955 年出生在山东的一个农村，当时能够找到的可读的书籍屈指可数。为了读到一本书，我常常要付出沉重的劳动来进行交换。

记得邻村同学家里有一本绘图版的《封神演义》，为了读到这本书，我常要去那个同学家中替他推磨。后来，我认识了一个小学老师，他收藏了十几本书，我借到这些书后，都是用最短的时间读完。现在回忆起来，它们的主要情节仍记忆犹新。

再后来，我到了部队，每个星期我都会去县城图书馆借古今中外的小说。1984 年考到解放军艺术学院后，我就开始写小说，这都得益于在部队那几年打下的基础。

简单回顾了一下我这几十年读书的过程，我发现，阅读对我人生的发展起到了不可替代的作用。现在我每天都会收到一大堆的刊物。虽然我从事的是小说创作，但我的阅读范围反而更广，有一些小说之外的好读物也能给我带来极大的阅读快感，让我燃烧起当年的那种阅读激情。

假如让我重新走一遍我的人生道路，我宁愿不要“作家”这个头衔，因为通过自学成为作家的过程太艰苦，而且这种作家的知识结构是不完整、不系统的，尤其在外语方面，几乎等于空白。假如我们能够打开另一种语言的窗口，用外文去阅读，我相信我们的写作会有很大的改观。

很多人都认为我的创作受了拉丁美洲马尔克斯的《百年孤独》的影响，对此我也坦然承认。这种魔幻主义创作把我在农村这些年的积累给激活了。

对于年轻人而言，最好的老师就是阅读。对初学写作的人来说，模仿不是耻辱，而是捷径。模仿是培养我们语感的最重要的方法，尤其是中学阶段对培养语感至关重要。一个人的语言风格是跟个人对语言的感受相关的。掌握了很好的语感，就好像一个从事音乐的人掌握了乐感一样。

（作者：莫言　选自“人民文学出版社”微信公众号　有改动）

答案：二、1. C　2. A　3. B　4. D

三、1. ×　2. ×　3. √　4. √　5. ×　6. ×　7. √　8. ×

泛听

做一个终身读者

读者，是一个美好的身份。

在很大程度上，人类精神文明的成果是以书籍的形式保存的，而读书就是享用这些成果并把它们为己所用的过程。做一个读者，就是加入到人类精神文明的传统中去，做一个文明人。历史上有许多伟大的人物，在他们众所周知的声誉背后，往往有一个人所不知的身份，便是终身读者，即一辈子爱读书的人。从某种意义上说，一个民族的精神素质也取决于人口中高趣味读者的比例。

一个真正的读者应该做到以下几点：

首先，要养成读书的爱好。也就是说，要把读书当成生活中所必需的，真正感到不可缺少。这种情形绝非刻意为之，而是自然而然的，是品尝到了阅读的快乐之后的必然结果。事实上，每个人天性中都蕴含着好奇心和求知欲，因而都有可能依靠自己去发现和领略阅读的快乐。

其次，要有所选择。世上书籍如汪洋大海，再热衷的书迷也不可能穷尽。读书是一件非常私人的事情，喜欢读什么书，不论范围是宽是窄，都应该有自己的选择，体现自己的个性和兴趣。

最后，一个真正的读者应具备基本的判断力和鉴赏力，仿佛拥有一种内在的嗅觉，能够“嗅”出一本书的优劣，本能地拒绝坏书，倾心好书。这种能力部分地源自阅读的经验，但更多地源自一个人的品质。读好书也是提高内在品质的途径，二者之间有一种良性循环的关系。重要的是一开始就给自己确立一个标准，每读一本书，一定要在精神上有收获，能够进一步开启自己的心智。

要想成为一个真正的读者，青少年时期是关键。经验表明：倘若一个人在这个时期没有养成读好书的习惯，以后再要培养就比较难了；倘若养成了，则必定终身受用。青少年对未来有种种美好的理想，我对你们的祝愿是，在你们的人生蓝图中千万不要遗漏了这一种理想，就是立志做一个真正的读者，一个终身读者。

（作者：周国平　有改动）

强化训练

一、根据录音内容，选择正确答案

1. 一项最新的研究发现，从小拍照就喜欢露齿笑的人，几十年后的离婚率比其他人低 80% 多。原因是，物以类聚，人以群分，爱笑的人容易吸引和自己一样快乐的人，携手步入稳固的婚姻殿堂。

问：根据这段话，下面哪项正确？

2. 莱顿是荷兰的一个小城，位于阿姆斯特丹和海牙之间。著名的莱顿大学就位于莱顿城中。荷兰的现任女王与前任女王、17 世纪与牛顿齐名的科学巨匠惠更斯、20 世纪初的物理学大师洛伦兹都出自莱顿大学。爱因斯坦也曾在此担任了 20 多年的特邀教授，并在这里提出了他对宇宙的看法。

问：关于莱顿大学，下面哪项正确？

3. 唐诗内容丰富，思想深刻，教孩子背诵唐诗，一来可以训练孩子的记忆力，二来可以提高孩子的传统文化素养。同时，学校也应该开设相关课程，老师在课堂上也要鼓励学生多读多背。坚持让孩子背诵唐诗，时间一长，你会发现孩子各方面的进步都很大。

问：教孩子背诵唐诗有什么好处？

4. 湖南大学起源于公元 976 年创建的岳麓书院，是东亚地区仅有的两所最古老的大学之一。湖南大学与韩国成均馆大学的发展模式完全一致，都是在儒家书院的基础上向外扩建发展而来的，两所高校都把以儒学研究为主的教育机构转变成了综合性的高等教育机构。

问：关于湖南大学，下面哪项正确？

5. 目前，塞内加尔人正在加紧播种红树林种子，以完成今年在雨季结束前播种一亿颗红树林种子的目标。红树林生长于陆地与海洋交界带的滩涂浅滩，是陆地向海洋过渡的特殊生态系统，有防风消浪、固岸护堤、净化海水空气等作用，是塞内加尔人赖以生存的重要植被。

问：关于红树林，下面哪项不正确？

6 到 8 题是根据下面一段对话：

女：丁先生，您是在什么样的情况之下知道自己是全国首富的？心情怎样？

男：当时我是在出租车上，一位朋友发短信告诉我的。当时不激动，因为我不知道别人有多少钱，这个首富是别人给我评选的，所以感到很茫然。当时我也不知道这种排行榜有多大的影响。

女：那在成为首富后您为什么会去学习中国传统文化？在您学完之后，您重新看您的企业会有所改变吗？

男：学习传统文化只是我个人的兴趣爱好。改变当然会有，因为宇宙的一些大道理是通用的，宇宙讲究平衡，政治也讲究和谐，而企业也一样，不要讲究急功近利，要慢工出细活。这些都是古人留给我们的很宝贵的哲学思想。

女：您平常工作时间和生活时间是怎样分配的？

男：工作时间和生活时间都差不多，因为工作是我生活的一部分，生活也是我工作的一部分。我每时每刻都在想着怎样帮公司做更多的事情。

6. 问：当得知自己是首富时，男的感觉怎样？

7. 问：关于男的学习中国传统文化，下面哪项正确？

8. 问：男的是怎么分配工作时间和生活时间的？

9 到 12 题是根据下面一段话：

在班级管理中，班主任是最重要的。原来我们学校实行的是一个班配备两名班主任的制度，虽然这种方式也有它的好处，比如可以保证一人请假时，另外一名班主任来管理班级。但在实施过程中我们逐渐发现了其存在的弊端。比如两个人相互依赖，当问题出现时，由于责任不明确而互相推诿。所以，学校改变了以往的做法，实行班级一人管理制，并出台了新的管理办法：制定了班主任考核细则和班主任考核工作表，今年学校还举办了班主任工作研讨会，介绍一些在班级管理方面好的做法和经验，每月还要举行一次班主任例会。我认为这些新办法都是提高班主任管理水平的良好经验。近一年的实践证明，这些举措改变了老师的工作作风，班主任能够以自己的言行来感染学生，整个教师队伍有了很强的奉献精神。

9. 问：现在学校实行的是什么样的班级管理制度？

10. 问：两个班主任管理班级的弊端是什么？

11. 问：以下哪项不是新实施的管理办法？

12. 问：实施新的管理办法带来的好处不包括以下哪项？

二、根据录音内容，笔答下列问题

13 到 15 题是根据下面一段对话：

女：作为翻译家，您参与了此次国际学术研讨会，有什么感想？

男：我觉得，在国际上，汉语主体地位不断提升，翻译家应该学着讲述“中国故事”，建立统一的术语翻译标准。

女：新形势下，翻译者的主要工作是什么？

男：如今，我们作为科技大国，如何将自己的科技成果的概念进行消化，促进全球科技交流和发展，让我们的语言占据科技制高点，是摆在面前的紧要任务。

女：您能具体说一说吗？

男：正如“中国梦”“不忘初心”等新词已经走入国际视野，话语体系体现了一个国家的思想文化、价值观念，是国家软实力的重要组成部分。最近我们刚为元素周期表中四个新元素进行了中文命名，汉字选用和新造都要符合中国语言文化的思维方式。此外，我们古代的科技文化，也都需要突破一些文化的瓶颈和障碍，形成统一的术语翻译标准。文学作品也一样，翻译者只有植根于中国文化，全面理解后，才有可能再现和传递原作的精神纯度，真正使中国文化走向世界。

13. 问：男的参加会议以后，主要感想是什么？

14. 问：男的提到哪些词走入了国际视野？

15. 问：最近翻译家们完成了一项什么工作？

16 到 18 题是根据下面一段话：

扬州有许多优秀的古典园林，其中历史最悠久、保存最完整、最具艺术价值的，要算坐落在古城北的个园了。个园由两淮盐业商总黄至筠建于公元 1818 年。个园是以竹石取胜，连园名中的“个”字，也是取了竹字的半边，主人的情趣和心智都在里面了。此外，它的取名也因为竹子顶部的每三片竹叶都可以形成“个”字，在白墙上的影子也是“个”字。主人名“至筠”，“筠”亦借指竹，因此，以“个园”为名，更是点明主题。个园是一处典型的私家住宅园林，以“四季假山”闻名，表达出“春山宜游，夏山宜看，秋山宜登，冬山宜居”的诗情画意。个园是中国园林的孤例，也是扬州最负盛名的园景之一。

16. 问：“个园”在哪儿？建于哪一年？

17. 问：为什么取名为“个园”？

18. 问：“个园”以什么闻名？

19 到 21 题是根据下面一段话：

王羲之是东晋伟大的书法家，被后人尊为“书圣”。他出身于一个书法世家，他的伯父、堂兄弟都是当时的书法名家。王羲之七岁那年，拜书法家卫铄为师学习书法。他临摹卫书一直到十二岁，虽已不错，但自己却总是觉得不满意。因常听老师讲历代书法家勤学苦练的故事，他对东汉“草圣”张芝的书法产生了钦羡之情，并决心以张芝刻苦练习的精神来激励自己。

为了练好书法，他总是跋山涉水，寻找历代碑刻，积累了大量的书法资料。他在书房内、院子里、大门边都摆着凳子，安放好笔、墨、纸、砚，每想到一个结构好的字，就马上写到纸上。他常常冥思苦想，练到废寝忘食。

王羲之一生最好的书法作品首推《兰亭集序》，那是他中年时期的作品，共 28 行，324 字，记述了当时文人聚会的情景。王羲之因当时兴致高涨，写得十分得意，其中有二十多个“之”字，写法各不相同。《兰亭集序》被后人誉为“天下第一行书”。

19. 问：王羲之为什么对张芝的书法产生钦慕之情？

20. 问：王羲之书法的代表作品是什么？

21. 问：王羲之的代表作记述了什么事情？

答案：一、1. A 2. D 3. D 4. B 5. B 6. B 7. D 8. D 9. C 10. B 11. C 12. D

第7课 低碳旅游

热身

碳足迹

你听说过“碳足迹”吗？“碳足迹”就是指一个人的能源意识和行为对自然界产生的影响。碳足迹标示了一个人或者团体的碳耗用量。“碳”，是石油、煤炭、木材等由碳元素构成的自然资源。碳耗用得多，导致地球变暖的“元凶”二氧化碳制造得也多，碳足迹就大；反之碳足迹就小。减少碳足迹，也就是减少我们对自然界的影响，学会珍惜能源。

那么如何减少碳足迹呢？比如，打印时设定打印机默认为双面打印，使用了一面的纸张要进行二次利用；办公室或者教室的电器设备不使用时及时关闭；使用节能灯泡，11 瓦节能灯就相当于约 80 瓦白炽灯的照明度，使用寿命更比白炽灯长 6 到 8 倍，省钱又环保；适当调节空调的温度，夏天不宜太低，冬天也不宜太高，这样既对人体健康有利，还可大大节约能源。

答案：1. B　2. D　3. A　4. C

精听

低碳旅游

“低碳旅游”，顾名思义，就是旅游者在旅游活动中，尽量降低二氧化碳排放量的旅游。它是以低能耗、低污染为基础的绿色旅游，倡导在旅行中尽量减少碳足迹，是环保旅游的深层次表现。那么，怎么才能做到低碳旅游呢？

首先，做好行前调研。先利用网络资源了解目的地的情况。了解当地的文化、历史、习俗、餐饮和其他相关信息，这样就更容易融入当地。最好避开旅游旺季和公共假期出行，选择注重环保、使用可再生能源的酒店或宾馆。在全国，几乎每个城市都有小的经济型酒店，它们消耗的能源更少，可提供更加人性化和有当地特色的服务。也可以试试新酒店，它们的建筑设计会更加符合能源节约的要求。

其次，尽量自带和使用环保用品。例如，自带一个水壶从酒店或者餐厅接水；使用充电电池，这样会减少毒物污染；带一个帆布小包专门盛放自己的垃圾；尽量不使用一次性用品，省钱又环保；尽量使用电子地图，而不是纸质地图。

再次，可以选择一些更有创意的无车旅游的方式。负责任的旅行者应该跟着指示牌标识的路线前行，尽量不要另辟蹊径，否则，就会逐渐破坏那些最原始最自然的风景；也不要试图一次玩遍，因为长途旅游不可避免地会增加对环境的负面影响；另外，走马观花式的旅游只会了解皮毛，所以一次只专注于一个地区，深入地体验才是最好的旅游方式。

最后，旅游时可以做些力所能及的事情。比如，爬山时顺手将路边的垃圾扔进垃圾桶或带下山。购买旅游纪念品之前先想想是否会长久地使用。很多时候，纪念品只是在那时那地才凸显它的价值，旅游回来后就慢慢沦为储藏室里可有可无的垃圾了。

总之，低碳旅游离我们并不遥远，主动权就在我们手中。

答案：二、1. D　2. A　3. D　4. A
三、1. ×　2. ×　3. ×　4. √　5. ×　6. √　7. ×　8. √

泛听

环境保护三重含义

1972年联合国人类环境会议以后，“环境保护”这一术语被广泛采用。如有的国家将“自然保护”这一传统用语逐渐改为“环境保护”。我国在1956年提出了“综合利用”工业废物方针，20世纪60年代末提出“三废”——废水、废气、固体废弃物——的处理和回收利用的概念，到20世纪70年代改用“环境保护”这一比较科学的概念。

环境保护包含至少三个层面的意思：

一是对自然环境的保护，即防止自然环境的恶化。包括对青山、绿水、蓝天、大海的保护。如不能私采滥伐、不能乱排乱放、不能过度放牧、不能过度开荒、不能过度开发自然资源、不能破坏自然界的生态平衡等。这个层面属于宏观的，主要依靠各级政府行使自己的职能、进行调控来解决。

二是对人类居住、生活环境的保护，使环境更适合人类工作和劳动的需要。这就要求人们衣、食、住、行的方方面面都要符合科学、卫生、健康、绿色的要求。这个层面属于微观的，既要靠公民的自觉行动，又要依靠政府的政策法规做保证，依靠社区的组织教育来引导，要各行各业齐抓共管才能解决。

三是对地球生物的保护。这包括物种的保全、植物植被的养护、动物的回归、生物多样性的维护、转基因的慎用、濒临灭绝生物的特殊保护、灭绝物种的恢复、动物栖息地的扩大、人类与生物的和谐共处、不欺负其他物种等。

这三个层面的关系是：你中有我，我中有你，各有侧重而又统一。三者并不矛盾，更不对立。

对我们每一个公民来说，我们对于居住、生活环境的保护，就是直接或间接地保护了自然环境；我们破坏了居住、生活的环境，就会直接或间接地破坏自然环境。

强化训练

一、根据录音内容，选择正确答案

1. 有科学家认为，狗比猫聪明。这项结论是基于对大脑神经细胞数量的比较得出的，论文发表在新一期《神经解剖学前沿》杂志上。研究表明，狗的大脑皮层有 5.3 亿个神经细胞，而猫只有 2.5 亿个。当然，它们与人脑的 160 亿个神经细胞相比还是有相当大的差距。

问：根据这段话，下面哪项正确？

2. 花卉具有美化、香化、净化环境的功能。居室内养几盆花草，不仅可以装点居室，还能够有效净化室内空气，保持空气清新自然，有益身心健康。但在室内养花也有一些禁忌，一忌浓香刺激，二忌数量太多，三忌有毒。 因此我们在养花时要多了解相关的科学知识，给自己和家人带来健康幸福。

问：关于养花，下面哪项正确？

3. 据明代亲历者所记，郑和下西洋的大号宝船，“长四十四丈，宽十八丈”。依据这一描述，郑和宝船长约 135 米，排水量近 2 万吨，甲板面积约相当于一个足球场大小。可以说郑和的船队是当时海上无可争议的“巨无霸”。如此庞大的船队显示了中国明代惊世骇俗的造船水平。

问：根据这段话，下面哪项正确？

4. 今后 30 年内，全球变暖将导致世界上多个地区面临干旱威胁，其中拉丁美洲许多地区、地中海沿岸、西亚以及东南亚地区将面临显著干旱威胁；西半球大部分地区以及欧亚大陆许多地区、非洲、澳大利亚则可能面临极端干旱威胁。

问：根据这段话，下面哪项正确？

5. 澳大利亚新南威尔士州警方 24 日说，一名 13 岁少年因酒后驾车受到指控。警方 23 日晚在新南威尔士州北部一座度假公园发现一辆汽车行驶异常。警方截停这辆车，发现驾车人是一名少年，酒精检测显示，少年酒后驾车。警方对他提出数项罪名指控，包括酒驾和无照驾驶。

问：根据这段话，下面哪项正确？

6 到 8 题是根据下面一段对话：

女：中国塞罕坝林场建设者获得了“地球卫士奖”，这是国际环保领域的最高荣誉，联合国环境规划署为什么把这一奖项颁给他们？您作为环境规划署的主任，能否解释一下？

男：因为他们筑起的“绿色长城”帮助数以百万计的人远离空气污染，并保障了清洁水供应。

女：过去和现在，塞罕坝林场有什么变化？

男：塞罕坝林场位于河北省北部。由于历史上的过度采伐，土地沙化严重，北方沙漠的风沙可以肆无忌惮地刮入北京。1962 年开始，数百名务林人在这一地区种植树木，经过三代人的努力，森林覆盖率从 11.4% 提高到 80%。目前，这片人造林每年向北京和天津供应 1.37 亿立方米的清洁水，同时释放约 54.5 万吨氧气。

女：能够让贫瘠沙地变成绿水青山，能够获得世界赞誉，这是对塞罕坝林场建设者 50 多年艰苦创业的肯定。

男：是的，塞罕坝林场的建设证明，退化的环境是可以被修复的，修复生态是一项有意义的投资。中国近年来在环保方面所做的努力是史无前例的。在全球环境治理中，中国已成为最为重要的领导力量之一。

6. 问：关于塞罕坝林场，下面哪项正确？

7. 问：和过去相比，塞罕坝林场现在有什么变化？

8. 问：对中国在环保方面的评价，下面哪项不正确？

9 到 12 题是根据下面一段话：

在生活中，我们常常要用到电池。电动玩具、移动电话、录音机、手电筒等，很多日常用品都需要电池。你是否把用完的电池随手扔掉了呢？废旧电池中含有大量的重金属污染物——铬、铅、汞等。由废旧电池所产生的污染，危害作用是缓慢的也是深远的。当它们和普通的家庭垃圾混合后，在一定的条件下，会慢慢发生一系列化学反应，释放出有毒物质。这些有毒物质焚烧时会污染大气，渗入地下时会污染地下水或江河湖泊；一旦进入土壤水源，将会通过食物链进入人体，损害人的神经系统、造血功能、肾脏和骨骼。因此，废旧电池属于危险垃圾。据专家测试，一粒纽扣大的电池能污染 600 立方米的水，一节一号电池烂在土里，能使一平方米的土地失去利用价值。

现在你知道电池的危害了吧！那就让我们一起去收集废旧电池吧！这正是：废旧电池危害大，不能随手抛弃它。想方设法处理好，环境保护靠大家！

9. 问：废旧电池中含有什么物质？

10. 问：废旧电池产生的危害作用是怎样的？

11. 问：废旧电池属于什么类型的垃圾？

12. 问：一粒纽扣大的电池能污染多少立方米的水？

二、根据录音内容，笔答下列问题

13 到 15 题是根据下面一段对话：

女：现在社会上越来越多的人都开始关心环境问题。很多人都认为，黄土高原现在之所以会这样，是由于以前人类乱砍滥伐，没有把水土保护好。

男：根据我们研究的结果看，黄土高原不是从现在才水土流失的，在几十万年前，甚至上百万年前就已经有水土流失的现象，所以说水土流失是一种自然界的现象，是一种地质现象。比方说，华北平原都是土，华北平原的土从哪儿来的？就是从西边，把黄土高原的这些土冲到华北来了。你看黄河的河口，每年差不多要推进去相当长的距离。所以我们从华北平原的形成就能理解，过去实际上黄土高原已经是被侵蚀了，只不过是人类的活动加快了水土流失的步伐。如果在自然的条件下，比方说我们没有耕地，也没有放牛放羊，也没有修很多的道路，它的水土流失可能不会像现在这么厉害。

女：如果有水的话，能够种上植物，那水土流失是不是就不会这么严重了？

男：是啊，在黄土高原上，水是非常珍贵的，这个主要是由于黄土高原本身是一个半干旱地区，每年的降水量，北部小于400毫米，南部可能稍微高一点儿，能达到500毫米或600毫米。

13. 问：这段对话主要谈论环境中哪方面的问题？

14. 问：人类活动导致了什么后果？

15. 问：黄土高原的气候有什么特点？

16到18题是根据下面一段话：

许多年以前，在台北一条长巷里，有两个相连的大院子，住着许多普通人家。有一年，侧院搬来一家姓熊的，他家有个儿子，没过几天，熊家的孩子就成为大家教育孩子的反面典型。因为那孩子闷头闷脑，不爱读书，也不爱说话，从不和院子里的孩子玩儿，人们便认定他不会有出息。不久，人们的话就得到了验证。那孩子中学没考上，进了夜校。而在夜校他也不好好儿学习，只是热衷于写小说，而且特别喜欢写武侠小说。为此，他没少挨父母的打，也遭到周围许多人的冷嘲热讽。但他对这一切都淡然处之，只是埋头做他的事。

许多年以后，大院里的孩子都已长大成人，过着和父辈一样的生活，而熊家的孩子却一鸣惊人，他创作的武侠小说开始为人们所接受，并风靡全国。他的笔名叫古龙。

是种子就不怕泥土的埋没。只要你心中拥有成功的梦想，总有一天它会破土而出。

16. 问：邻居对熊家的孩子是什么态度？

17. 问：熊家的孩子有什么爱好？

18. 问：熊家孩子的成功说明了什么？

19到21题是根据下面一段话：

在交叉路口转弯的时候，我的脚踏车把一位陌生先生的右脚踝轧伤了。本来我可以安全避闪的，当我看到那位先生一手牵着一个刚会走路模样的小男孩儿，一手牵着一个年老的步履蹒跚的中风病患者时，我立刻紧急刹车把车头倾向一边，就在这时，他突然急速地跨前一步，自己撞了上来。

我赶紧跳下车，不安地说："对不起！对不起！"

他一边弯下腰按摩脚踝，一边和气地抬起头："我不怪你，是我自己撞上的……也许是我太多虑了，我以为车子要么会撞上我的小孩儿，要么会撞上我的父亲，于是我下意识地上前阻挡……"

在我惊魂未定、不知所措的时候，那位先生已牵着小孩儿和老者慢慢离去，我愣愣地目送他们，三个脚步迟缓的背影构成一幅感人的画面。我有搁下车子跟上去帮助那位先生的冲动。可是，我没有那样做。我发觉小孩儿和老者好像那位先生肩上的一副担子的两头，再艰苦他也不肯放下任何一头。

19. 问：在交叉路口转弯时，说话人遇到了什么情况？

20. 问：那位先生和老者是什么关系？

21. 问：那位先生为什么自己撞上来？

答案：一、1. C 2. C 3. A 4. D 5. B 6. C
7. D 8. A 9. C 10. A 11. C 12. B

第 8 课　这些能力很重要

热身

什么是学习能力

学习能力不仅仅指在学校时候的成绩有多好，读了多少本书，更重要的是指一种不断修正思想、改变观念、提高觉悟，不断用新知识去充盈自己头脑的能力。

我们不但要能消化知识，还要能够把它用在工作、生活中，不断向周围的人学习。有两句老生常谈的话，一句是“读万卷书，行万里路”，一句是“阅人无数，名师指路”。“读万卷书”是学习的必要方法，是获得思想的极佳途径之一；“行万里路”是必需的，只有走出去，你才能看到、听到，从而学习、思考和领悟。“阅人无数”中“阅人”是对一个人进行分析和判断的过程，也是从他人身上学习的过程；“名师指路”是一个人进步的重要途径。现在要找“名师”来“指路”其实并不难：如果想听一位名师的讲话，在网上就可以搜到；如果想听世界名牌大学的课程，在该校网络公开课上就能找到。

除此以外，我们还需有另外一种能力，那就是思考、领悟的能力。学到的知识、读过的书、行过的路、名师的指点，再加上自身的思考、领悟，最后通过探讨和“碰撞”使思想层次得到更大的提高。这，就是学习。

答案：1. D　2. A　3. D　4. C

精听

这些能力很重要

对于一个人来说，无论是在学习中，还是在工作中，以下这些能力都很重要：

第一个是用语言准确表达想法的能力。要想准确、顺畅地与人进行语言沟通并非易事，它要求说话者不仅要有缜密的逻辑思维能力，还要有较强的口头语言组织能力，能说、会说、敢说。这样才能给人留下深刻的印象，建立良好的人际关系。

第二个是独处的能力。独处时，你是选择一些有趣的游戏来打发时间，还是读一本好书涵养心灵？是习惯懊悔昨日之非，还是喜欢畅想明日之美？无论怎样，你要有能力在一个人的时候也能活得充实而快乐。

第三个是挣脱“羊群效应”的能力。一群羊面前放着一个栅栏，领头羊跳过去后，后面的羊也跟着一只只跳过去，但栅栏突然被移开后，后面的羊还是继续跳过去，好像栅栏还在一样，这就是“羊群效应”。生活中，“羊群效应”在很多人身上根深蒂固。许多人都习惯了盲目接受，人云亦云，不会质疑，更不敢推翻所谓的权威观点。

第四个是快速恢复的能力。生活中“不如意事常八九”，如果你学会了自我修复，把失败的教训化成下一次崛起的动力，那么，即使你没有得到常人眼里的成功，也已经是真正的强者了。

第五个是学会放手的能力。有的目标，你再怎么努力也很难实现。这时，你要懂得转弯，改变计划。学会放手是善待自己，也是走向成熟的标志。

第六个是讲故事的能力。你是否意识到，你曾遇到过无数人，大多数你已经完全忘了，但你一定记得那些会讲故事的人。因此，你也不妨学会讲一个好故事，与身边人分享，那样，即使时隔多年，人们还会记得你。

第七个是与众不同的能力。“三百六十行，行行出状元”，你需要找到某一个感兴趣的领域，即使那个领域并不是热门，但在那里，你做得比别人都要好，就会成为“状元”。这是让别人很快看到你、记住你、找到你的最好的招牌，也是你收获快乐、实现人生价值的最好的途径。

第八个是自律的能力。自律指的是让你的想法决定你的行为，而不是让你的情绪占上风。即使最初的热情退去，你仍然继续完成一个计划或者项目；即使你非常想在舒适的床上再睡一会儿，但还是立即起身去开始一天的工作。如果是这样，那么，你就已经拥有了自律的能力，而它是实现任何梦想的前提。

答案：二、1. B　2. B　3. A　4. D
三、1. ×　2. √　3. √　4. ×　5. ×　6. √　7. ×　8. ×

泛听

树立终身学习的观念

早在 1994 年 11 月，在意大利罗马召开的首届“世界终身学习会议”上，有人就提出了一个很重要、值得人们深思的观点：终身学习是 21 世纪人们的生存状态。这种观点认为，21 世纪将是学习型社会，只有不断学习，才能适应社会竞争和技术革命的需要，人才能生存。

终身学习如今已经成为 21 世纪人们典型的生活方式。终身学习是指每个人从出生到临终，在人生每一个发展阶段，根据个人社会角色和生活的需要而终身不断学习的过程。人们通过终身学习获取知识技能，不断完善自我，实现自身价值。另外，“终身学习”的观点提倡个人应该培养终身继续学习的能力与习惯，培养一种文明的生活方式。

人类的知识总量在 19 世纪每 50 年增加一倍，到 20 世纪 70 年代是每 5 年增加一倍，而目前是每 3 年增加一倍。我们要学会学习，培养学习能力，靠自己去获取新知识和技能，树立“活到老、学到老”的终身学习观。

国际 21 世纪教育委员会在向联合国教科文组织提交的报告中指出：“终身学习是 21 世纪人的通行证。”终身学习又特指“学会求知，学会做事，学会共处，学会做人”。这是 21 世纪教育的四大支柱，也是每个人一生成长的支柱，是现代人应具有的基本素质。在当今时代，只有树立终身学习观的人，才能适应社会的发展。

强化训练

一、根据录音内容，选择正确答案

1. 到 2020 年，新兴产业增加值占国内生产总值的比重力争达到 15% 左右，吸纳、带动就业能力显著提高。节能环保、新一代信息技术、生物、高端装备制造、新能源、新材料、新能源汽车等产业被国家确定为引领带动经济社会发展、推动社会生产和生活方式变革的战略性新兴产业。

问：根据这段话，下面哪项不正确？

2. 考研人数增加，一个很重要的原因就是就业形势比较严峻。从 2001 年开始，全国高校毕业人数不断增长，2016 年高校毕业生人数再创新高，达到 765 万人，比上一年增加 16 万人。就业压力增大让“考研大军”人数剧增。

问：根据这段话，下面哪项正确？

3. 欧盟成员国交通运输部长 15 号在卢森堡做出决定，行驶在欧盟公路上的重型卡车将被收取空气污染和噪音污染费。欧盟成员国可自主决定何时开始收取污染费，在费率设立上也可灵活处理，以避免重型卡车在交通高峰时段上路，减少重型卡车造成的道路拥堵。

问：关于这一决定，下面哪项正确？

4. 在家自己包的饺子，一定要等水煮开后再下锅，这样做能让饺子皮里的蛋白质迅速凝固，淀粉溶于水中，饺子也不会粘在一块，方便用勺子搅动，这样煮出来的饺子更好吃；而超市买的速冻饺子，用沸水大火煮容易破皮，且肉馅儿不易熟，因此更适合冷水煮，煮时不用频繁倒冷水，这样煮出来的饺子皮更有嚼劲儿。

问：根据这段话，下面哪项正确？

5. 人类对于地球的研究逐渐加深，起初人类只对高空之外的宇宙深感兴趣，然而，地球内部隐藏的秘密并不比宇宙的少。中国科学家利用探测工具深钻到地球内部，发现一股黑色液体。经初步判断，这股神秘的液体与地震有很大关系。通过深入了解液体的成分或许能够知道地震的成因。

问：根据这段话，下面哪项正确？

6 到 8 题是根据下面一段对话：

男：作为一名歌手，你对自己的现状满意吗？

女：满意。第一，我从事了我爱的职业；第二，有那么多人帮我；第三，能给妈妈更好的生活环境。所以，为什么不满意？

男：你今天取得的成就得到了很多观众的认可，有什么样的心得可以与他人分享？

女：开心就好，做自己想做的事情，唱自己想唱的歌，不要想太多，有很多东西都不是你能完全掌控的，所以，把握好你自己最重要。

男：最近你有什么打算？

女：希望能开一场自己的演唱会。

男：你觉得你的同龄人最大的问题是什么？

女：很多人容易因为害怕而不去做一些事。

男：责任和个人自由，你更看重哪一个？

女：责任。

男：你幸福吗？有没有什么不安？你现在最大的担忧是什么？

女：很幸福。暂时没有什么不安。最大的担忧是怕妈妈生病。

6. 问：女的做什么工作？

7. 问：女的觉得同龄人最大的问题是什么？

8. 问：关于女的，下面哪项不正确？

9 到 12 题是根据下面一段话：

有研究表明，增加水的摄入量是一种有效的减肥方法。研究人员称，在一项为期 12 周的实验中，每天三餐前饮用两杯水的减肥者，比那些没有饮水的减肥者要多减掉近 3 公斤的体重。

研究人员建议人们减少高糖分、高热量饮料的摄入，改为饮用更多的白开水，并认为“这是一个促进体重管理的简单的方法”。饭前饮水能减肥的原因很简单，因为喝水的热量摄入为 0 卡，但是却让人产生饱腹感，导致在吃饭时会吃得更少。如果将白天饮用的含糖量高的饮料替换为白开水，也有助于降低热量摄入。比如约 350 毫升的普通碳酸饮料，含有约 10 茶匙的糖分，大约 150 卡的热量。

研究人员建议，健康人群的饮水量应由自然的口渴感觉来引导。大致的量是女性为 9 杯，男性为 13 杯。尽管喝水有助减肥，但过多的水分摄入也是很危险的，可导致水中毒，因此也应适量饮水。

9. 问：下面哪种方式可以有效减肥？

10. 问：下面哪项不是饮水能减肥的原因？

11. 问：根据研究人员的建议，下面哪项应该多饮用？

12. 问：关于喝水，研究人员有什么建议？

二、根据录音内容，笔答下列问题

13 到 15 题是根据下面一段对话：

女：提起“会计”，很多人的第一反应就是“热门专业”“好职业”。您作为一名资深会计师，能给我们介绍一下吗？

男：很多人觉得会计“越老越吃香”，但会计除了是“铁饭碗”，也是一个需要终身学习的职业。

女：为什么这么说呢？

男：作为会计，给自己升值的办法，一是积累专业经验，二是不断学习。有人觉得会计只需要处理企业的日常账务就可以了，不需要关心经济发展和新政。如果有这种想法就大错特错了。会计除了需要掌握会计准则，还需要关注当下的经济形势。基础的会计工作接触的是企业，也会受到税收新政和国家政策的影响，管理层的会计就更不用说了，所有工作都和当下经济形势息息相关。

女：也就是说，想要做好会计工作，除了学习基本的会计、税法相关知识外，还要努力了解各种新政策、新规定。

男：是的。随着职位的进一步提升，你需要的知识也就更多。工作内容增多，看问题的角度和层次也要有一定的提升才行。从基础的小会计到总账预算会计再到管理层的财务主管或是首席财务官，会计是与时俱进的职业，也是一个会督促人不断进步的职业。

13. 问：人们对会计工作有什么看法？

14. 问：作为会计，给自己升值的办法有哪些？

15. 问：男的认为会计是一个什么样的职业？

16 到 18 题是根据下面一段话：

1896 年，电影传入中国，首次放映地点在上海徐园内的“又一村”。这一时期，放映的外国影片多是带异国风情的舞蹈表演及一些无聊节目，也包括一些时事片段。

这种单纯的放映活动持续了 10 年光景，中国人终于自己动手拍电影了。开此先河的是北京丰泰照相馆，馆主是东北人任庆泰。他购来法国造木壳手摇摄影机及胶片，在一块露天场地上首次把著名京剧老生谭鑫培表演的京剧《定军山》中几个舞蹈片段记录在胶片上，这成了中国拍的第一部电影。以后任庆泰又陆续拍了其他京剧表演片段，在他开的大观楼影戏园和吉祥戏院等处放映，受到观众的热烈欢迎。

16. 问：电影传入中国是在哪一年？

17. 问：中国拍的第一部电影叫什么？

18. 问：中国拍的第一部电影内容是什么？

19 到 21 题是根据下面一段话：

在全世界各大城市中，只有香港保留着双层有轨电车。从 1994 年年初起，香港有关部门调整票价，成人 1.2 港元，儿童 0.6 港元，车费低廉为其主要优点。在喧闹、拥挤的香港市区，有轨电车又增添了不少噪音，成为独具特色的交通工具。如果你想饱览港岛风光，可以乘坐华丽典雅、上层敞开的“古董”电车，沿港岛北部电车线行驶，欣赏市区风貌。

在香港，公共汽车是最主要的市内交通工具，多为双层，车厢宽大，分为有空调和无空调两类，票价高低略有不同，是地面载客量最多的交通工具。目前，香港有三家私人巴士公司，平均每天的载客量达300万人次，是世界上少有的运载效率高及总运载量大的私人巴士公司。在港岛与九龙半岛之间，因有维多利亚海湾相隔，渡海巴士运行其间，票价稍高。

尽管香港马路窄、车辆多，但交通有序，乘客都能自觉排队上车，而且约定俗成是小车让大车，所以乘坐巴士十分快捷。

19. 问：香港有轨电车的主要优点是什么？

20. 问：香港最主要的市内交通工具是什么？

21. 问：香港有几家私人巴士公司？平均每天载客量是多少？

答案：一、1. B　2. A　3. B　4. B　5. B　6. D　7. D　8. C　9. B　10. D　11. A　12. D

第 9 课 阶段测试（上）

第 一 部 分

说明：听录音，在 A B C D 四个书面答案中选择唯一恰当的答案。

1. 心理学会最新发布的一份研究称，有姐姐或妹妹的女性在社会上能获得更多支持，她们性格通常比较乐观，解决问题能力更强。这是因为姐妹之间比兄弟之间更容易互相支持与交流，从而增加凝聚力。

问：根据这段话，下面哪项正确？

2. “科学突破奖”自 2013 年设立以来，共颁发奖金近 2 亿美元，用于表彰基础物理学、生命科学和数学领域的创新性研究。此次在数学领域获得“科学突破奖”的两位中国数学家均毕业于北京大学，都是“80 后”。本科期间的深度学习，与同学之间的交流合作，都为他们日后的数学之路打下了坚实的基础。

问：关于“科学突破奖”，下面哪项正确？

3. 极端天气以及市场投机力量影响了全球基本食品的价格，以色列的西红柿、韩国的大白菜、中国的大蒜以及巴基斯坦的面包价格，都已达到了史上最高。英国《卫报》引用世界银行的话说，现在的粮价、菜价还不是最高的，未来两年内将达到最高点。

问：根据这段话，下面哪项正确？

4. 注册会计师被认为是财会领域的第一黄金职业，薪酬待遇非常可观，但其资格考试难度也很大。注册会计师考试最大的难度在于五年内六门必须全部考过，否则就要从头再来。大中型企业主管会计、财务经理、财务总监、总会计师等职位，大多都需要从业者持有注册会计师证书。

问：关于注册会计师证书，下面哪项不正确？

5. 可能很多家长都觉得，领导力是一个属于成人、属于职场的概念，孩子还太小，谈领导力还有点儿远。其实不然，“领导力 = 领导自我 + 领导他人”，前者强调的是自我控制能力，以及对事物的应变能力，是后者的基础。一个缺乏自我领导能力的人，很难想象能有效地领导他人。

问：根据这段话，下面哪项正确？

6. 雷山拥有 300 个唯一性、多元化的苗族村寨，构建了比较完整的苗族文化体系。雷山完整保存的吊脚楼就达 5 万栋，以历史悠久、规模宏大、结构精巧、功能齐全而闻名于世。苗族家家户户都有银饰，雷山素有“中国苗族银饰之乡”美誉，其蕴藏的苗文化更是博大精深，源远流长。

问：关于雷山，下面哪项不正确？

7 到 9 题是根据下面一段话：

台北是一个历史底蕴丰富的城市，这里的历史古迹遍布街巷。早在旧石器时代，这里就有人类活动。钦差沈葆桢 1875 年在此成立“台北府”，从此便有了“台北”这个名字。

台北是台湾所有社会事务的核心城市，全市共有 12 个区，总占地面积 271.8 平方千米，总人口在台湾排第四。台北及其周边的城市所组成的台北商务圈，是台湾人口最集中的地方，是核心区域，台湾大规模的公司、企业等机构均在这里。

在台北庞大的经济体系中，金融、媒体和电信是主流行业。随着经济社会的日益繁荣，其他产业也应运而起，人们的消费能力影响着整个城市的产业结构，服务业渐渐成为台北的龙头行业。

7. 问：关于台北，下面哪项不正确？

8. 问：关于台北商务圈，下面哪项正确？

9. 问：台北哪种行业越来越重要？

10 到 12 题是根据下面一段话：

高等教育发展要实行分层次管理。目前我国有一千多所高校，这些学校的基础、实力、发展水平不尽相同，在社会发展中占据的地位、承担的任务不同，因而每所大学的定位、特色、发展方向也不同。我们应该根据社会需求设置高校的层次，我想应该有三个层次的分类：一类是应对世界经济的挑战，瞄准前沿科技，培养世界级的人才，这要求必须有一部分高校冲击世界一流大学，即研究型院校；另一类是实用型院校，着眼于工业文明的进步，培养实用型人才；还有一类是普及型院校，着眼于大众教育，这是大部分，主要满足提高国民素质的要求，使越来越多的年轻人能够接受高等教育，为国家未来和发展提供人才储备。要根据学校的不同定位，对其办学水平加以评定和管理，根据定位配置相应的社会资源。

10. 问：这段话提到了高校几个层次的分类？

11. 问：设置高校的层次应该根据什么？

12. 问：为国家未来和发展提供人才储备的大学是哪种大学？

13 到 15 题是根据下面一段话：

全球变暖将给地球和人类带来复杂的潜在的影响，既有正面的，也有负面的。例如，随着温度的升高，副极地地区也许将更适合人类居住；在适当的条件下，较高的二氧化碳浓度能够促进光合作用，从而使植物生长更快，即二氧化碳的增产效应，这是全球变暖的正面影响。但是与正面影响相比，全球变暖对人类活动的负面影响将更为巨大和深远。据报道，由于气候变暖的影响，珠穆朗玛峰的顶峰下降了 1.3 米。祁连山冰川退缩，雪线上升，直接危及河西走廊。专家分析，导致这些的原因，除全球变暖外，也和人口膨胀、过度开垦、乱砍滥伐、滥采地下水有关。

13. 问：下面哪项是全球变暖的正面影响？

14. 问：由于气候变暖，珠穆朗玛峰的顶峰下降了多少米？

15. 问：冰川退缩、雪线上升的原因不包括下面哪项？

16 到 18 题是根据下面一段话：

有的日子，值得纪念它，庆祝它，这就是节日。有了节日，日子便有了很多不同的味道。

有些节日具有不同寻常的意义。某一年的某一天因为发生了一件影响深远的重大事情，便成为 365 天里的一个亮点。比如 1919 年 5 月 4 日，北京青年学生发起了一场反帝反封建的爱国运动，在其后的一个多月里，运动迅速席卷中华大地。5 月 4 日这个日子后来成为青年节，打上了爱国精神的烙印。

有些节日具有鲜明的传统文化色彩。比如中秋节，千家万户共享一轮明月，吃月饼，叙家常，念亲人，表达浓浓的祝福和思念。春节更是热闹非凡，灯笼、爆竹、春联成了节日的经典形象，围绕着辞旧迎新的喜庆主题，绚丽的色彩和欢庆的气氛使春节成为节日旋律中最高的音符。

每逢这些节日，人们或召开庄严的大会，或举行盛大的聚会，或举办载歌载舞的晚会，用以歌颂人民、礼赞祖国，充分感受节日的分量和意义。节日，为人们创造了一个回眸和眺望的机会，成为人们的一种生活方式，更是人们生命智慧的一部分。

16. 问：关于青年节，下面哪项不正确？

17. 问：春节的经典形象不包括下面哪项？

18. 问：关于节日的意义，下面哪项不正确？

答案：1. D　2. C　3. D　4. C　5. D　6. B　7. D　8. C　9. A
10. B　11. D　12. C　13. D　14. A　15. C　16. B　17. D　18. D

第 二 部 分

说明：连续听两遍录音，回答下列问题。

没有一种给予是理所当然的

老人奋斗半生，几经浮沉。退休回乡后，他萌生了济世助人、造福家乡的念头。

于是，老人分别给家乡几所学校的校长写了信，希望每个校长能提供十来个学生的名单，以便他从中确定人选，作为资助对象。

家人责怪他：既是捐助，何必搞得这样复杂？

老人摇摇头说："我的血汗钱，只给那些配得到它的孩子。"哪些孩子才有资格得到资助呢？是那些家庭贫困的孩子还是优秀生？抑或是特长生？谁也不知道老人心里的答案。

名单很快到了老人手里。老人让家人买来了许多书，分门别类地包装好，准备寄给名单上的孩子。家人面面相觑：这样微薄的礼物是不是太寒酸了？老人在书的第一页写下了亲笔赠言：赠给品学兼优的学生某某某。落款是老人的住址、姓名、电话和电子邮箱。

家人大惑不解，却也不愿违背老人的意愿，只好替他一一寄出了那些书。

书寄出去以后，老人常常对着电话发呆，又莫名其妙地唉声叹气。从黄叶凋零到瑞雪飘飞，谁也猜不透老人所为何事。

新年前，老人收到了一张很普通的贺卡，上面写着："感谢您给我寄来的书，虽然我不认识您，但我会记着您的。祝您新年快乐！"没想到，老人竟然兴奋得大喊："有回音了！有回音了！终于找到了一个可资助的孩子！"家人恍然大悟，终于明白了老人这些日子郁郁寡欢的原因。他寄出去的书原来是块"试金石"——只有心存感激的人才有资格得到他的资助。

老人说："土地失去水分滋润会变成沙漠，人心没有感激滋养会变得荒芜。不知感恩的人，注定是个冷漠自私的人；不知关爱别人的人，纵使给他阳光，日后也不会放射出自身的温暖，也不配得到别人的爱。"

想来也是，没有一种给予是理所当然的，没有什么是"必须"和"应该"的，所以，没有一种领受是可以心安理得的。一朵花会为一滴雨鲜艳美丽，一株草会因一缕风摇曳生长，一颗心更应对另一颗关爱的心充满感激。

第10课 唤醒生命

热身

四十五秒

下班晚高峰时段，在公共汽车站附近的斑马线上，一批行人正从一边往街对面通行。当大多数人已经通过斑马线时，一名老年男子才刚刚踏上斑马线，而且，他似乎腿脚不便，几乎是一步一步挪着前行，身体还随着挪动微微颤动。

老人通行非常缓慢，可让人感到暖心的是，不仅他所通过车道上的十多辆车一动不动地继续等待，就连对向车道的车辆也纷纷停车，等待着他通过。

约10米宽的马路，这位老人用了45秒才走完。这期间，画面如静止了一般，斑马线两边的车辆就像一道“屏障”守护着他安全通过。

实际上，当时的信号灯显示，老人在经过这一段斑马线的时候，车辆已经是可以通行的状态了。但是，可能司机们发现他走得比较慢，行动不是很方便，所以都主动停下来礼让他，以免后面的车辆发现不了他，造成危险。

45秒相当于什么呢？此处限速是每小时60千米，这位老人从斑马线的一头走到另一头，相当于一辆车可以在大道上行驶750米。但对于我们来说，这45秒，是多年来中国城市文明进步的缩影。

答案：1. B　2. C　3. C　4. B

精听

唤醒生命

他生活宽裕，爱好旅游，常利用闲暇时间开着自己的车四处游历。前不久，他又进行了一次长途旅行，自己驾着车远赴2000多千米外的西藏。

经过半个多月的奔波，他到达了平均海拔3000多米的青藏高原，不料，赖以行进的汽车却出了故障。他检查了半天，竟然没有找到任何原因。怎么办？他想起以前听别人说过，如果遇到这种情况，唯一能做的事情就是等待过往的车辆，请别的司机帮忙修理，或者拖着坏了的车离开这里。

只有等待。他一直等了三天。糟糕的是，三天里竟没有任何车辆从这里经过，甚至连一个人影都没看见。那是怎样的一个世界啊，死一般的沉寂、空旷。他带的食物和水已所剩无几，处境非常险恶，如果再等不到过往的车辆或者能够帮助他的人，那他只有死亡了。

又过了两天，风雪袭来，他又冷又饿，因为食物已经完全吃完了。

迷迷糊糊中，蜷缩在车内的他被一阵声音吵醒。爬出车来，他看见车顶上趴着一只不知名的小鸟。那只小鸟也许是在寻觅食物，看起来同样无助，正用微弱的声音不停地叫着。霎时间，他的泪水禁不住涌出，这是五天来，他第一次听到来自生命的声音！

他伸出手，轻轻捉住了那只小鸟，将它放进相对暖和的车厢里。他开始打起精神，试着努力自救。他反反复复地仔细检查汽车，终于找到了故障的原因。他对车子进行了简单的处理，硬撑着虚弱的身体开着车向前行驶了40多千米，到达一个牧民居住点，他终于得救了。只是那只吵醒他的小鸟在车子行驶的途中不幸死去。

后来，他常常谈起这段经历。他说："是那只小鸟求生的叫声挽救了我的生命。"直到今天，他还把那只风干得比拳头还小的小鸟保存在自己的书橱里作为纪念。

其实，救他的还是他自己。小鸟的叫声唤醒了他求生的欲望，他才得以绝处逢生。只有被唤醒的生命，才会有激情去创造生活，才能够走出眼前看似无边的困境和危难。

答案：二、1. A　2. C　3. D　4. C

三、1. √　2. √　3. ×　4. √　5. √　6. √　7. ×　8. ×

泛听

不要做那株含羞草

有一位老太太，行动不便，需要护工，可是几乎所有应聘的人都在这位老太太面前败下阵来，有的不辞而别，有的不能忍受老太太的指责，与她争执。

后来，有位女孩儿成为那位老太太的护工，短短几个月，她和老太太相处得非常好。

许多人都觉得非常奇怪。女孩儿解释说："老太太的确很苛刻，我去照顾她的第一个月，她经常批评我这里不对，那里不对。比如，说我走路的姿势不对，坐姿不对，眼神不对……有一次，她甚至斥责我没有教养，当时，我眼泪差点儿下来，真的想辞职。"

可是，当女孩儿审视自己时，脸却红了。老太太批评她走路姿势不对，她留心感受，果然发现自己走路时有轻微的跳动；老太太说她坐姿不对，她有意识地观察，发现自己坐下时，双腿没有合拢，真的不优雅；老太太说她眼神不对，她偷偷对着镜子分辨，发现自己看人的时候，真的有一点儿斜视……

原来，老太太说的一切全是对的。只不过因为自尊心的原因，女孩儿在心里排斥批评。后来，她对老太太的苛刻有了全新的理解：老太太所批评的，正是自己的缺点，既然如此，那么为什么不去改变呢？

此后，每当老太太提出批评时，女孩儿就开始认真去想自己到底对不对；如果不对，她就努力去改正。

就这样，几个月过去了。有一次，老太太的女儿用欣赏的眼神看着女孩儿，由衷地说："你真优雅，很迷人。"女孩儿真的变了，她的神态变得安静了，她变得有气质了。

女孩儿说："人就像一株含羞草，一遇上外界的小小侵犯，就会把自己重重保护起来。其实，如果换一种角度，换一种思维去理解，这刻薄但又精致的老太太就是自己的一位生活指导老师。"

在批评面前，我们不妨扪心自问：你承认自己的缺点吗？你愿意改变吗？

强化训练

一、根据录音内容，选择正确答案

1. 人与人之间的交往，关键是要讲信用。古人把诚信看作是做人非常重要的品行之一，讲究"言必信，行必果"。人在社会上如果不讲信用，就不会有人愿意与其交往，更不会赢得别人的信任。社会生活实际上是建立在诚信的基础上的，诚信既是一个人的立身之本，也是一个国家、民族、集体的生存基石。

问：关于诚信，下面哪项不正确？

2. 茶叶分为未发酵茶和发酵茶。绿茶是未发酵茶，加工工艺保存了绝大部分的茶多酚，茶多酚有抗氧化的作用，但是其含量会随着时间流逝逐渐减少。所以，绿茶要喝新茶。红茶是发酵茶，含有大量的茶黄素，茶黄素也是一种抗氧化物，一般不会随时间流逝损失，但如果贮存条件不好，很容易变质，对肝脏伤害非常大。

问：根据这段话，下面哪项不正确？

3. 有人习惯早上起床后洗澡，觉得神清气爽，一身轻松。实际上，早上起床时，往往是血糖较低的时候，人体没有太多能量可供给，洗澡又需要消耗能量，空腹状态下洗澡容易出现低血糖症状，如头晕、恶心、呕吐等。加之浴室空气不流通、温度较高，人就容易头晕目眩。因此，最好饭后 2 小时再洗澡。

问：根据这段话，下面哪项正确？

4. 音乐是一门艺术，而如何欣赏音乐更是一门艺术。听音乐一定要听"好"的音乐，"好"的音乐不仅指好的作品，还包括好的演绎、好的解读。当身边并没有那么多高质量的现场音乐会可听时，经典录音和对这些经典录音的解读，便是你的良师益友。

问：关于"好"的音乐，不包括下面哪项？

5. 国际化是世界所有大学关注的热点。在经济全球化的背景下，高等教育的全球化趋势也越来越明显。一所好的大学立志于培养世界人才，一定要抓住全球化的契机促进自身发展。21 世纪的学生，应该树立国际视野，学会与不同文化背景的人交流合作，相互包容，相互学习。

问：根据这段话，下面哪项正确？

6 到 8 题是根据下面一段对话：

女：您是如何定位《中国乐队》这个节目的？

男：这是大型音乐文化纪实节目，是“乐队”的展示舞台而不是歌手个人的。这个节目中会有40 多支风格各异的原创乐队登台亮相，诠释各自不同的音乐梦想。

女：节目组是如何发现这些乐队的？

男：我们节目组和几位著名音乐人一起，行程上万里，走遍了 20 多个省市，寻访了 100 多个不同地域的原创乐队，挖掘他们的原创作品以及背后的故事。整个过程，如同一次音乐的“长征”。

女：这样的大型节目，最重要的价值和意义是什么？

男：音乐可以表达一个民族的文化和态度。登上这个舞台的数十支乐队不仅展现了中国原创音乐的多元化和个性化，也在改变着人们对乐队形态的固有认知。通过这样一档节目，我们希望能够为中国的乐队搭建一个更广阔的展示平台，让中国观众对乐队文化有更为深入的了解，进而让“乐队”这种音乐形式迎来更广泛的受众。

6. 问：《中国乐队》是什么类型的节目？

7. 问：节目组是如何找到这些乐队的？

8. 问：关于节目的价值和意义，下面哪项不正确？

9 到 12 题是根据下面一段话：

一百多年前，曾有社会活动家提出了一个“田园城市”的设想，大体有以下特点：一是小规模、小尺度；二是自给自足的城市功能和慢节奏生活；三是可持续的生态环境、田园式布局、便捷的交通网络、公平的社会服务、城乡一体化发展。在当时的时代，这还只是一种想象，但现在，这已经是一种日常化的小镇生活图景了。

我国已经有很多这样的“田园城市”，尤其是一些类型化的特色小镇，代表着特定的居住方式、工作方式以及消费方式，也发挥着产业集聚、高新技术集聚或高端人才集聚的功能。

在浙江，有两个著名的特色小镇，一个是由传统旅游产业发展起来的乌镇，另一个是汇聚最尖端“云产业”的云栖小镇。这两者看似是两种截然不同的风格，却体现了新兴小镇的某种共性。乌镇的木心美术馆、戏剧节、互联网大会，早已超越了人们对传统乡土的想象，而“云产业”和“云大会”离开大城市中心选择云栖小镇，也应对着新经济对创新空间的需求。

9. 问：社会活动家提出了什么样的城市设想？

10. 问：下面哪项不是“田园城市”的特点？

11. 问：“田园城市”在我国的现状怎么样？

12. 问：根据这段话，下面哪项与乌镇无关？

二、根据录音内容，笔答下列问题

13 到 15 题是根据下面一段对话：

女：如今，滑雪成了非常流行的冬季运动项目，您觉得它有什么魅力？

男：滑雪与高尔夫、马术、桌球并称为“四大绅士运动”。它是一项动感强烈的体育运动。这项运动让人远离喧闹的都市，完全投入大自然中，在惊险刺激的运动之余，体会山野的纯净与壮观。

女：您这么忙，什么时间去滑雪呢？

男：我的高原适应能力很强，周末就可以与登山滑雪者一起打个来回。比如今天是周五，我现在还在办公室和你聊天儿，但明天一早我就可以坐飞机出发，然后连夜开车到雪山脚下，周日一早登顶，滑雪，下山，走人，周一又可以回到办公室上班了。

女：您滑雪多长时间了？

男：17 年了，从在滑雪场滑雪，到滑道外野雪，再到登山滑雪，可以说是完成了一套标准的进阶之路。

女：这几种滑雪方式有什么不同？

男：雪道内外的滑雪，会因为纯粹的享受产生愉悦感。登山滑雪除此之外还有一个很大的兴奋点就是“未知感”，即从山顶急速滑降的过程中，应对各种突发情况，做出判断，进行处理。因为我内心清楚，在这些地方，一旦发生意外，能依靠的就只有自己和身边的伙伴，几乎不能指望外界的救援。

13. 问：“四大绅士运动”分别是什么？

14. 问：男的在工作繁忙的情况下什么时候去滑雪？

15. 问：登山滑雪最让人兴奋的是什么？

16 到 18 题是根据下面一段话：

雨天交通事故高发。在雨中，驾驶人视野清晰度下降，轮胎与地面的摩擦力减小，很容易造成交通事故。雨天行车最重要的还是一个“慢”字，减速慢行，提高警惕，切莫大意。

在视线不良的情况下更要做到多观察，减少并线，提前打开转向灯提醒后车。跟车行驶时，注意保持车距，尽量做到不急刹车。当经过有积水的路面或者立交桥下时，驾驶人首先应停车查看积水的深度，避免积水过多导致车辆熄火或进水。另外，切记要远离大车，雨天驾驶原本盲区较多的大型车辆，不但视线会受到阻挡，而且车辆容易失控。

还要注意的是，下雨时驾驶员应小心避让行人、骑车人，因为行人撑伞、骑车人穿雨披，都会使视线、听觉、反应等受到限制。当然，如果遇到大雨暴雨，最佳选择还是及时找到安全可停车的地点停车。

16. 问：雨天行车最重要的是什么？

17. 问：跟车行驶时应该注意什么？

18. 问：为什么要注意避让行人和骑车人？

19 到 21 题是根据下面一段话：

《丝路山水地图》是一幅绘制于明代中后期的皇家青绿山水手卷，是一份承载了厚重历史和文化内涵的珍宝，具有极高的考古价值和学术价值，也体现了中华民族千百年来所秉持的开放精神，是与世界各国、各地人民和平相处、合作共赢的历史见证。

该绢本幅宽 0.59 米，全长 30.12 米，全卷共画出了 211 个地理坐标，所涉及的广泛地理范围与绵延数万里的古代陆上丝绸之路相吻合，很多地名都能在这幅地图上找到清晰的标注。这反映出中国人对这条线路的清晰认识领先于世界其他国家，也揭示了中国地理学对世界文明做出的贡献。这是一幅兼具艺术性与历史性的重要画作，将有助于我国更深入地研究历史上的"丝绸之路"，并为未来"一带一路"的研究提供难能可贵的参考与借鉴。

《丝路山水地图》大约在 20 世纪 30 年代从中国流散到日本，几经辗转，终于回归祖国怀抱，现收藏于故宫博物院。

19. 问：《丝路山水地图》绘制于什么时期？

20. 问：《丝路山水地图》体现了中华民族什么精神？

21. 问：《丝路山水地图》现在收藏在哪里？

答案：一、	1. C	2. C	3. D	4. B	5. B	6. D
	7. B	8. B	9. C	10. B	11. B	12. A

第 11 课　职业生涯规划

热身

咖　啡　师

咖啡师是指熟悉咖啡文化、咖啡制作方法及技巧的专业制作咖啡的从业者。该职业对从业者色觉、味觉、嗅觉的灵敏度，手指、手臂的灵活度，动作的协调程度，语言表达能力，等等，都有一定的要求。学习咖啡制作技术，一般三周到五周基本就可以掌握制作技巧并可以实习就业。只要技术足够熟练，做出来的咖啡就能基本满足顾客的需求。如果能坚持练习，时机成熟的时候，就可以独立经营一家咖啡厅了。

从目前世界范围来看，咖啡师的就业前景还是相当不错的。大部分咖啡厅的咖啡师薪酬结构是“底薪 + 个人提成 + 企业效益”，这也是符合企业发展基本规律的。而且，咖啡师工作时间自由，分为不同的时间段，便于兼职，通过培训后也可以自己创业。

有人说，做咖啡需要一种感觉，虽然做咖啡用的是咖啡机，但是咖啡师的心情也是特别重要的。如果咖啡师心情不好，那么手的灵活度往往就比较差，没有那种随意感。如果咖啡师没有创新，那么专业单品咖啡和花式咖啡都很难向前发展。

答案：1. D　2. A　3. C　4. D

精听

职业生涯规划

职业生涯是指一个人一生的职业经历。职业生涯规划是根据社会经济发展需要，即就业环境和本人实际情况，设计未来职业发展，是对个人职业前途的瞻望。职业院校的学生尽早制订一个方向正确、目标实在、内容翔实、措施具体的职业生涯规划，对今后的职业发展有着十分重要的意义。

职业生涯规划主要由两部分组成：一是目标的确定与分解，二是实现目标的措施。

我们先来看目标的确定与分解。职业生涯规划既应有远期的目标，也应有近期的具体目标。那么怎么确定自己的职业目标呢？职业目标不能凭空臆造，要符合社会经济发展需要，这是确立个人职业目标的前提。我们要多种角度了解社会，了解社会经济发展的方向，按照社会需要来确定、调整自己的职业目标，还要认真研究要从事的行业对职业素质、职业经历、职业个性等的要求。自身条件是确定目标的重要依据，要做到“知己”和“知彼”。目标应是实际的而不是虚幻的、高不可攀的，脱离自身条件的目标是没有激励价值的，是空想而不是理想。

我们再来看实现目标的措施。成功要靠目标来领航，强烈的成功欲和自信心，能极大激发一个人的能量与热情，使其精神抖擞地为实现目标做出努力。

职业目标的实现不能依赖“明天”，而要踏踏实实地从现在做起。学校是我们即将开始的职业生涯的起跑线，在职业院校学习是为职业生涯奠定基础的关键阶段。职业生涯规划中的具体措施和安排，帮助我们学会控制自己，经常提醒我们珍惜现在，不断鞭策自己，督促我们为职业目标的实现做出努力。

有了具体的目标，就有了努力的动力；有了措施，就能加强自我控制。任何一个想在职业生涯中取得成功的人，都必须有明确的奋斗方向、源源不断的动力以及通过控制自己而做出的努力。这一切，都是实现职业目标的必要条件。

认真规划自己的职业生涯，不但有利于个人职业目标的实现，也能促使我们适应社会、融入社会，从而推动社会的发展。

答案：二、1. D　2. D　3. A　4. D　5. B
三、1. √　2. ×　3. √　4. ×　5. ×　6. ×　7. √　8. √

泛听

交通工程专业

交通工程学是运输工程学的一个分支，主要研究交通规律及其应用，内容涉及交通规划、交通设施、交通运营管理等。设立交通工程专业的目的在于探讨如何使交通运输更加安全、迅速、舒适、经济。研究对象是驾驶员、行人、车辆、道路和交通环境。

交通工程专业的学生主要学习系统工程学、交通工程学方面的基本理论和基本知识，内容涉及道路交通的产生与发展，道路设施的设计及管理与控制，交通事故的防治与处理，等等。本专业的学生还要接受识图制图、上机操作、工程测量、工程概预算的基本训练，掌握交通基础设施规划、设计与工程项目评价方面的知识，能够利用计算机技术进行模拟、试用以及应用。

交通工程专业的学生毕业后，主要从事交通工程项目的管理与设计、城市交通的规划、区域交通的规划等方面的工作。

交通工程专业和社会现实生活密切相关，对学生综合素质的要求很高。当然，高要求也会带来高回报。我国正处于高速发展时期，城市发展离不开交通，商品流通离不开交通，现代化的生活更离不开交通。只要专业知识扎实，该专业毕业生完全能够胜任工程技术工作，可在交通运输规划、交通工程设计、交通控制系统开发等方面大显身手，当然也可以到政府交通规划与设计部门、交通管理部门等从事技术和管理工作。要知道，以上这些岗位可都是“待遇不菲”的代名词。

强化训练

一、根据录音内容，选择正确答案

1. 从今年起，中国人民大学新闻学院首次推出多导师制的新闻专业人才培养模式，为学生配备法学、经济学等跨学科导师，并尝试从国外院校引进国际导师。作为新中国成立后创建的第一个高校新闻院系，人大新闻学院55年来已经培养了8000多名新闻专业人才。

问：关于人大新闻学院，下面哪项正确？

2. 番茄已被公认为一种抗病、防癌、防衰老作用很强的蔬菜。但很多人因为害怕农药，喜欢去皮后食用番茄。其实，残留在这种蔬菜中的农药是最少的，所以，完全不必过于担心农药残留问题。番茄果皮很薄，加工或食用时它对果肉中番茄红素的释放几乎没有影响。番茄皮以膳食纤维为主，食用后还有助于维护肠道健康。

问：关于番茄皮，说话人的建议是什么？

3. 目前的减肥方法有很多：食品减肥、药物减肥，甚至手术减肥，等等。有专家指出，实际上，能让自己瘦下来的最有效、最安全的途径只有一条，那就是运动。恰当的运动往往能使人尽快地减肥，并使自己的体重保持在正常范围内。最有利于减肥的运动项目一般有慢跑、快走、网球、羽毛球、健身操、体育舞蹈等。

问：哪种途径减肥最有效、最安全？

4. 俗话说，“早睡早起身体好”，这是有一定科学道理的。正常睡眠是由深睡眠和浅睡眠构成的，两者交替出现。只有深睡眠才是有效睡眠，对消除疲劳、恢复体力起重要作用。人在夜间0点到4点之间容易获得深睡眠。正常成年人一般在入睡60分钟后才会进入第一次深睡眠。因此，如果11点前入睡，1个小时后顺利进入深睡眠，就可以保证良好的睡眠质量。

问：根据这段话，下面哪项正确？

5. “不舍美宿”位于黎阳老街入口处，这家民宿不大，只有10个房间。民宿设计的理念是，让客人既能感受古朴的氛围，又能享受到现代城市的便利，因此主人选址在城市中心交通方便又能闹中取静的黎阳老街。老街有着一千多年历史，民宿门口就是安徽的徽派老宅。住在这样的民宿中仿佛穿越了历史一样。

问：关于“不舍美宿”，下面哪项正确？

6到8题是根据下面一段对话：

女：张老师，您好！我想采访您几个关于读书和写作的问题，好吗？

男：好的。

女：您小时候爱读书吗？您都读过哪些课外书？

男：我小时候很喜欢读书，因为我小时候学习没有你们现在这么紧张，所以时间比较多，有很多时间可以读课外书。不过我读的书没有现在的丰富，那时候的书大多是历史类、战争类的。我记得当时家里订了杂志《少年文艺》，我比较喜欢看。

女：《少年文艺》我也喜欢看。您觉得小学生应该多读哪些书？该不该读名著呢？

男：我觉得小学生应该多读一些富有想象力的书，多读童话故事也是不错的。至于名著，我觉得小学生未必全都能看懂，适当读一些就可以了。

女：您对小学生背诵古文怎么看？

男：古文可以适当背诵一些，但是不宜多背，尤其是不理解就去背诵，那是没有意义的。学古文和学现代文一样，要融入生活中去，不能为背而背。另外，我觉得多背古诗比背文章好，因为诗歌的生命力是永恒的。

6. 问：男的小时候看什么样的书？

7. 问：对于小学生读名著，男的怎么看？

8. 问：下面哪项不是男的的观点？

9 到 12 题是根据下面一段话：

有研究表明，经常骑自行车的人健康状况相当于比自己年轻 10 岁的人，而那些到了 30 多岁仍坚持定期骑车的人，则可以使预期寿命平均增加 2 岁。据专家介绍，骑自行车不仅能锻炼肌肉关节，减肥，使身材变匀称，而且还能强化心脏，防止高血压，同时可以起到预防大脑老化、提高神经系统灵敏性的作用。

自行车锻炼的好处是不限时间、不限速度。有关专家建议，运动量要适中，每次至少骑 30 分钟，但不要超过 60 分钟。只留意骑自行车的路程是不够的，还要注意骑车时的姿势。骑车时上身要放松，以避免引起肩膀和脖子酸痛；骑车时不要把身体压得过低，否则会限制腹式呼吸。

9. 问：经常骑自行车的人会怎么样？

10. 问：每次骑车最好骑多久？

11. 问：骑车时要保持什么状态？

12. 问：关于骑自行车的好处，下面哪项没有提到？

二、根据录音内容，笔答下列问题

13 到 15 题是根据下面一段对话：

女：作为旅游主管部门的领导，您怎么看待我们新疆的旅游业呢？

男：新疆旅游还需要广泛宣传。很多人向往新疆，又不太了解新疆。很多游客来了新疆之后说，新疆的旅游是全国之最，除了没有海洋资源以外，其他的资源在全国是数一数二的，其他省区市在这方面是比不了的。

女：这个评价是相当高的。

男：是的。台湾的游客看了喀纳斯以后，跟我讲："哎哟，这是世界级的，超过瑞士风光。"

女：我想这些游客都被新疆的美景深深地吸引和折服了。

男：是的。

女：我们都知道，新疆地域辽阔，民俗风情独具特色，旅游资源丰富。在以节庆活动带动旅游业发展方面我们具体做了哪些工作？取得了怎样的成效？请您介绍一下。

男：应该说这几年的节庆活动一年比一年规模大，一年比一年办得好。这两年的工作有两个重点：一个是“走出去”，一个是“请进来”。“走出去”是带我们的媒体、演员到各地去宣传；“请进来”就是办节庆活动，邀请媒体、旅游者来参加。

13. 问：新疆旅游需要大力宣传的主要原因是什么？

14. 问：台湾游客认为新疆的什么风景超过瑞士？

15. 问：新疆在以节庆活动带动旅游业发展方面做了哪些工作？

16 到 18 题是根据下面一段话：

一个“90 后”的小伙子，几年前大学毕业后，进入一家高科技公司工作。虽然公司规模不大，但工资待遇以及个人发展前景都不错，他本来也打算在大城市好好儿干，争取定居下来。然而，和父亲的几次交流，让他做出了令人匪夷所思的决定。他毅然辞职回家，开始帮养了十几年螃蟹的父亲卖螃蟹，完全改变了自己的人生轨迹。更令人不可思议的是，他卖得还挺好，不仅创下了父辈从未有过的销售业绩，还打响了品牌，将自家的螃蟹端上了全国各地的餐桌。

小伙子介绍说，电子商务时代，互联网无孔不入，但生鲜产品“触网”是近两年的事，应该有很好的发展前景。想通了之后，今年 7 月份，他正式辞去待遇优厚的工作，回家卖螃蟹，在多个网购平台开设旗舰店。8 月份开始卖蟹券，9 月份螃蟹陆续上市，正式卖螃蟹，不到 5 个月，光线上销售额就达 900 多万元，累计订单近 5 万单，最多的时候一天成交了 800 多单，预计到年底能突破 1000 万元。小伙子自豪地说：“最南到三亚，最北到哈尔滨，最西到乌鲁木齐，东边长三角每个城市都有，不管寄到哪里，都能保证 48 小时送到。”

16. 问：小伙子以前就职的公司怎么样？

17. 问：小伙子通过什么渠道卖螃蟹？

18. 问：小伙子的螃蟹多久能送到顾客手中？

19 到 21 题是根据下面一段话：

中国申报的甲骨文顺利通过联合国教科文组织世界记忆工程国际咨询委员会的评审，成功入选《世界记忆名录》。甲骨文是汉字的鼻祖，这次成功入选，使其成为具有世界意义的文献遗产。

中国邮政以此为契机，精心设计了《甲骨文十二生肖》系列明信片。这套明信片以甲骨文为主题元素，旨在通过明信片的传递和传播功能，让古老的甲骨文字邂逅现代人的审美，在全国和世界范围内产生更加广泛的影响。

随着时代的变迁，明信片的文化传递功能日趋多样化，承载的内容也越来越丰富，如今已成为展示一个地区风土人情、民俗文化、旅游资源的重要名片。中国邮政发行这套明信片就是希望社会各界踊跃地将《甲骨文十二生肖》寄向全国、寄往全球，让中华传统文化在全世界绽放光彩。

19. 问：入选《世界记忆名录》的是什么？

20. 问：中国邮政为什么设计这套明信片？

21. 问：明信片可以展示什么？

答案：一、1. D　2. C　3. D　4. D　5. D　6. D
7. B　8. C　9. A　10. C　11. D　12. A

第 12 课　心在哪里，成果就在哪里

热身

一 朵 玫 瑰

一个少年写了篇文章，自己十分满意，就将文章寄到报社。很长时间过去了，没有任何消息，少年很沮丧。母亲见状，温柔地对少年说：“你的那篇文章写得很美。”少年知道母亲是为了安慰自己，还是很难过。

这时，母亲从瓶中取出一朵玫瑰，问：“孩子，这是什么？”少年说：“花。”母亲又说：“这是玫瑰。在姑娘们眼中，它代表爱情；对于花商，它是利润；而在一头牛嘴里，它又变成了食物。人的思维方式、审美眼光不同，每个人都有自己的角度，你要所有的人都赞赏你的文章，是不可能的，也没必要。为什么不继续努力，尝试各种各样的写法，再寄给 10 家、20 家报社呢？”

少年豁然开朗，不再在乎那“一朵玫瑰”的去向和结果，开始勤奋地写作，播种更多的“花朵”。他相信，他的文章一定会被某些人接受并喜爱。

很多年后，这个叫海明威的人获得了诺贝尔文学奖。

答案：1. C　2. B　3. B　4. C

精听

心在哪里，成果就在哪里

我和小丁从小玩儿到大，可是自从他学厨师之后，我就发现他有了不小的变化，还常常有一些怪异的举动。

那年夏天，我一边和他聊天儿，一边漫不经心地用遥控器选着电视节目。突然，小丁大喊了一声：“别动！就看这个台！”我被他这突如其来的一声吼吓了一大跳。小丁连忙笑着解释道：“不好意思啊！我就是想看看这个美食节目。”他几乎是目不转睛地盯着电视，非常认真地看着节目里教授的做菜方法。从这时开始，我就发现，无论在什么时候，他的心思似乎只在怎样做好菜、怎样学习新菜的做法上，对于其他事情他则没有什么兴趣。

随着时间的推移，小丁的变化越来越明显。从小就不喜欢看书的他现在只要一有时间就去书店溜达，只要看到和美食有关的书，就爱不释手。不仅如此，我每次去他家，都会看见他趴在电脑前盯着各种美食网站研究揣摩，甚至就连出去逛街，他也会提前找好网站里推荐的特色小吃，闲逛的时候也不忘记去尝尝别人的手艺。

有一次，我们几个朋友聚会。服务生把菜陆陆续续端了上来，我们还在热火朝天地聊着天儿，小丁却拿出手机，对着桌子上的菜“咔嚓咔嚓”拍了起来。就在大家满脸狐疑的时候，小丁笑着解

释道："我想把这些菜拍下来回家好好儿研究研究，看看我能不能也做出这样色香味俱佳的菜来。"

渐渐地，认识小丁的人都知道他对做菜非常痴迷，所以也就对他时常表现出来的怪异举动见怪不怪了。然而，让我们没想到的是，短短几年的时间，小丁就因为自己不断提升的烹饪水平而成为这个城市餐饮界小有名气的人物。他的薪酬也不断提高。后来，有了一定积蓄的小丁干脆自己开了一家饭店做起了厨师兼老板。一次，我和小丁一起吃饭，当我们聊起当年他痴迷于做菜的那些怪异举动时，小丁长长地叹了一口气，说道："我小时候没有好好儿读书，天天混日子，在学厨师之前浪费了很多时间，一事无成。学厨师之后，我的师傅告诉我，只要把心时时刻刻都放到工作上，就一定能干出个人样儿来！所以，我才拼了命地学习，也才有了今天的一切。"

心在哪里，成果就在哪里。你的心思放在学业上，你就能有好成绩；你的心思放在工作上，你就能出类拔萃；你的心思放在改变人生上，你就能有精彩的明天！

答案：二、1. C　2. B　3. C　4. C

三、1. √　2. ×　3. ×　4. √　5. ×　6. ×　7. ×　8. ×

泛听

触摸彩虹

他在 6 岁时突然喜欢上了吹泡泡——这是一个全世界小孩儿都会玩儿的游戏。不过，他却比别的小孩儿更痴迷于这种游戏，并发誓要吹出世界上最美的泡泡。

有多美呢？他抬起头，恰好看到天边挂着一道绚烂的彩虹，于是随口说："我要把泡泡吹得和天上的彩虹一样美！"不料，身边的哥哥却当头给他泼了一盆冷水："我的傻弟弟啊，你的梦想是不可能实现的，就像你永远也摸不到彩虹一样。"他笑了笑，继续吹他的泡泡。从那一刻起，他就暗暗地和哥哥较上了劲。

就这样，吹泡泡伴随着他走过了童年、少年，直到成年。20 岁时，他成了世界上第一个把吹泡泡这种纯属消遣的游戏变成特色表演艺术的人；1992 年，他吹出了周长 2.3 米的圆泡；1997 年，他吹出了 4.7 米长的长泡；2001 年，他吹出了 11 层的多层圆泡；2002 年，他吹出了悬在空中的 9 连泡；2005 年，他将 18 个人装进了一个完整的"超级泡泡"里；2006 年，他又成功地将 30 个人"困"在了 15 个独立的气泡"巨笼"里。此外，他还创造了持续时间最长的泡泡纪录——整整 3 分钟！而一般人只能将泡泡维持几秒钟。迄今为止，他一共打破了 12 项吹泡泡的世界纪录。

他的吹泡泡技艺赢得了全世界的喝彩。他先后上过许多国家的知名媒体，其中包括中国中央电视台和英国广播公司。他被誉为"世界上最伟大的泡泡大师"，他的名字叫杨樊。

强化训练

一、根据录音内容，选择正确答案

1. 2014 年，中国大运河被成功列入世界文化遗产名录。2500 年历史变迁，中国的大运河至今还在发挥航运、灌溉、防洪、文化传承等综合功能，是一项凝聚我国经济命脉、交通动脉、生态主脉、历史文脉、情感血脉的伟大工程，深刻地影响着城市的发展和人们的生活。

问：关于大运河，下面哪项不正确？

2. 东京上野动物园 6 月出生的大熊猫宝宝“香香”12 月 19 日与日本普通民众见面。动物园采取了提前抽签的方式，19 日的中签比例约为 45.8∶1。因为实地观看大熊猫的概率较小，动物园提供了实时播放大熊猫动态的视频服务。人们可以通过电脑或智能手机观看。第一天视频的访问量就超过了 115 万次，十分火爆。

问：关于大熊猫宝宝“香香”，下面哪项正确？

3. 长跑运动员为了提高运动成绩，除了努力训练外，还要不断摄取足够的能量，来补充每日大量的体能消耗。那么，长跑运动员是否该控制体重？答案是肯定的。在合理的范围内，减轻体重是可以让成绩进步的。运动员可通过计算体脂肪率和理想体重等方式来评估自己的体重，如果超出建议值太多，就应咨询教练及营养专家，并根据他们的建议改善训练及饮食方式。

问：关于如何提高运动成绩，下面哪项不正确？

4. 7 月 9 日开通的宝兰高铁，东接徐州，西达乌鲁木齐，这条 3300 多公里的“丝路”高铁，刷新了世界最长高铁的纪录。12 月 6 日刚刚开通的西成高铁，穿越国内最长的秦岭高铁隧道群，开辟了一条新“蜀道”，它把西安到成都的最快铁路运行时间缩短至 3 小时 27 分。

问：根据这段话，下面哪项正确？

5. 近年来，作为传播优秀文化的重要载体，民营美术馆建设热潮来袭，为大众提供了丰富的艺术作品。数据显示，北京的民营美术馆数量在全球城市排行榜中位居第二。上海的美术馆数量从 2012 年的 34 家增加到今年的 78 家，增加了 130%，其中四分之三是民营美术馆。民营美术馆的兴起是一个城市富有活力的象征，这与近年来国家对文化产业的大力扶持密不可分。

问：关于民营美术馆，下面哪项正确？

6 到 8 题是根据下面一段对话：

女：您好，马局长，这次人口普查引起了很多人的关注。请您介绍一下基本情况。

男：人口普查我们逢零的年份搞一次，也就是每十年搞一次。今年这次人口普查是全国第六次人口普查。

女：人口普查的工作阶段是怎样的？

男：大体上讲，分为三个阶段：第一个阶段，在 11 月 1 号之前，这一段时间都是准备阶段；第二阶段是 11 月 1 号到 11 月底，这是入户调查、复查与抽查阶段；12 月 1 号以后是数据汇总和资料深度开发及利用阶段。

女：和前五次的普查相比，这一次有什么新的特点？

男：和前五次相比，这次一是扩大了范围，在中国境内居住的所有自然人都要登记；二是遵循居住地登记原则；三是应用了一些新的技术手段。第六次人口普查也存在着不少挑战。第一个挑战是流动人口多；第二个是“人户分离”现象比较普遍；第三个挑战就是入户难；第四个挑战或者说是问题就是个别地方由于财力不够、经济欠发达一些，普查员的工作报酬到位情况也还需要努力。

6. 问：我国每多少年搞一次人口普查？

7. 问：人口普查第三阶段主要做什么？

8. 问：根据这段话，下面哪项不是本次普查的新特点？

9 到 12 题是根据下面一段话：

随着人们生活水平的提高，孩子过生日的规格和档次也越来越高。对孩子呱呱落地的日子，家长心中的确是有别样的感受，想要郑重表达一番也是无可厚非的。许多家长都希望给孩子过个有品位、有意义的生日，就给孩子买书、文具之类。虽然生日那天孩子也会笑盈盈地说“谢谢爸爸妈妈的礼物，我一定要好好儿学习”，可家长们很快发现，孩子根本没有看给他买的书。

在生日那天，孩子好像被“大赦”一般，似乎所有的事情都可以做了，只要不太过分和过火，父母一般也不会太计较。不仅如此，孩子还可以吃上生日蛋糕，收到很多礼物。有的孩子在家里过了生日不过瘾，还出去和同学们过。慢慢地，过生日那天本来是孩子和父母互相表达心意的一天，却逐渐演化成了父母“还债”的日子。

我一向不主张给孩子铺张浪费过生日，生日应该回归简单的快乐。什么时候孩子能记住父母的生日、知道给父母过生日了就懂事了。

9. 问：现在，孩子过生日的规格和档次怎么样？

10. 问：许多家长都希望给孩子过个什么样的生日？

11. 问：孩子生日已经演化为什么日子了？

12. 问：说话人希望孩子能记住什么？

二、根据录音内容，笔答下列问题

13 到 15 题是根据下面一段对话：

女：胡市长，您好！

男：大家好！

女：目前，发展低碳经济是国际大势所趋，也是“两会”上代表委员们关注的热点，南昌是一个中部城市，是全国 5 个低碳经济试点城市之一。把低碳经济作为城市示范导向，南昌市在这些方面做了哪些调整布局呢？

男：第一，去年我们被国家列为“节能和新能源汽车的示范推广城市”，发展新能源汽车。这样的城市全国有 13 个。第二，叫作“半导体照明应用工程示范城市”，就是大力发展半导体照明产业。全国有 21 个这样的城市，我们南昌是其中之一。第三，发展太阳能光伏产业。第四，发展服务外包产业。全国有 20 个这样的城市，南昌榜上也有名。第五，建设南昌国家航空产业基地。以上就是我们低碳经济的五大布局。

女：有关南昌的描述文章中，我们注意到有 16 个字——“低碳经济、绿色发展、森林城乡、花园南昌”，非常美。请您给我们介绍一下南昌的绿色画卷。

男：第一，南昌空气的质量优良率达到了 95.1%，每年 365 天，我们有 340 多天的空气质量是优良的。第二，南昌市区的污水处理能力已经超过了 100 万吨。第三，南昌每一条街都变成了一道具有自己特色的景。

13. 问：目前的国际大趋势是什么？

14. 问：南昌是全国几个低碳经济的试点城市之一？

15. 问：南昌一年中空气质量优良的有多少天？

16 到 18 题是根据下面一段话：

西汉时期，有个人叫匡衡。他小时候很想读书，可是因为家里穷，没钱上学。后来，他跟一个亲戚学认字，才有了看书的能力。

匡衡买不起书，只好借书来读。那个时候，书是非常贵重的，有书的人不肯轻易借给别人。匡衡就在农忙的时节给有钱的人家打短工，不要工钱，只求人家借书给他看。

过了几年，匡衡长大了，成了家里的主要劳动力。他一天到晚在地里干活儿，只有中午休息的时候才有工夫看一点儿书，所以一卷书常常要十天半月才能够读完。匡衡很着急，心里想：白天种庄稼，没有时间看书，我可以多利用一些晚上的时间来看书。可是匡衡家里很穷，买不起点灯的油，怎么办呢？

有一天晚上，匡衡躺在床上背白天读过的书。背着背着，突然看到东边的墙壁上透过来一线亮光。他马上站起来，走到墙壁边一看，啊！原来是邻居的灯光从墙壁缝里透过来了。于是，匡衡想了一个办法：他拿了一把小刀，把墙缝挖大了一些。这样，透过来的光亮也大了，他就凑着透过来的灯光读起书来。匡衡就是这样刻苦地学习，后来成了一个很有学问的人。

16. 问：匡衡为什么借书读？

17. 问：匡衡在晚上是怎么读书的？

18. 问：匡衡后来怎么样了？

19 到 21 题是根据下面一段话：

袁隆平被誉为“杂交水稻之父”，他与自己的妻子邓则相识在湖南安江农校。安江农校被称为中国杂交水稻发源地，20 世纪 50 年代至 70 年代，袁隆平在这里度过了长达 18 年的教书生涯。

邓则是袁隆平的学生。当时，邓则 26 岁，比袁隆平小 8 岁。1964 年正月初五，安江农校所在的黔阳地区举行职工业余篮球赛，邓则是队员。热心的“红娘”提议干脆趁热打铁把他俩的喜事办了。

看着众人忙碌，袁隆平反而腼腆不安起来，他为自己没来得及送新娘一件礼物而过意不去，他悄悄地问邓则：“给你买件新衣服好不好？”

邓则心直口快地回答：“不要，不要。”老实巴交的袁隆平当真依了她，事后其他人都在批评他：“你真是世界上最笨的新郎官啊，哪有新娘子说不要你就不去买衣服的！”

结婚前夕，袁隆平与邓则开玩笑说：“将来，如果我对你不好怎么办？”邓则不假思索地回答：“那我也不会离婚。”

邓则和袁隆平结识于患难之际，风风雨雨几十年，不论袁隆平是福是祸，是普通人还是名人，她都始终如一地爱着他，爱着这个家。袁隆平认为家庭生活美满了，人生就很美满了。

18. 问：袁隆平被誉为什么？

19. 问：邓则是谁？

20. 问：袁隆平认为什么样的人生是美满的？

答案：一、1. C　2. B　3. C　4. B　5. C　6. D　7. D　8. A　9. C　10. D　11. D　12. C

第13课　取舍之间

热身

懂得转弯

他出生在一个农民家庭，从小时候开始就梦想当作家。为了实现这个梦想，他十年如一日地努力着。他坚持每天写500字，一篇文章完成后，他会反复修改，然后寄往各地的报纸杂志。可是，尽管如此努力，他却没有发表过任何文章，甚至连一封退稿信也没有收到过。29岁那年，他总算收到了第一封退稿信。那是一位他多年来坚持投稿的刊物的总编寄来的，总编写道："你是一个很努力的青年，但我不得不遗憾地告诉你，你的知识面过于狭窄，生活经历也有些苍白。但我从你多年的来稿中发现，你的钢笔字越来越出色……"

他后来果真成了全国著名的硬笔书法家，他就是张文举。记者们去采访张文举，提得最多的问题是："一个人想要成功，最重要的是什么？"张文举回答："一个人能否成功，理想很重要，勇气很重要，毅力很重要。但更重要的是，在漫长的人生路上要懂得舍弃，懂得转弯！"

答案：1. D　2. A　3. C　4. C

精听

取舍之间

人生是一个不断得到又不断失去的过程，二者的平衡意味着选择和取舍。

你大概不知道，以百米跨栏著称的刘翔，小时候练的是跳高。在某次比赛中，他的跳高成绩仅为第三名，反而是他的100米短跑，不仅速度快，节奏控制得也好。教练评价他"速度快、爆发力好、脚踝力量强，是块练田径的料，但是他的腰太长、韧带紧，这不利于他在跳高上的发展，而这正好符合跨栏的要求"。后来的故事，我们就都知道了。

很多人一辈子都没找到自己真正的天赋所在。而我们常常被"坚持就是胜利"的信条绑架。殊不知，方向错了的话，放弃就是成功的第一步。

2003年7月，毕淑敏放弃了心理学博士学位。而在此之前，她已经学习了5年心理学，只差一篇毕业论文来顺利收尾，给学业画上一个圆满的句号了。朋友们询问原因，毕淑敏爽快地说："因为我不能去考外语，也不能写论文。生命对我这个年过五十的人来说是那么宝贵，不值得拿出半年时间专门去念外语。一篇几十万字的博士论文写下来，我可能就不会写小说了。"后来，毕淑敏在北京西四环外开设了一家心理咨询中心。

我们都是凡夫俗子，时间有限，精力也有限。我们无法兼顾所有，唯有根据自身具体情况做出取舍，放弃一部分，深耕一部分。

20 世纪 60 年代，大型电子计算机开发被业内一致看好。当时，富士通、日立等公司都在为抢占市场而费尽心机，日本的松下公司也曾投入巨额资金。但是，1964 年，松下公司总裁松下幸之助突然宣布放弃这个项目，他分析说："大型电子计算机市场几乎被 IBM 公司垄断，加上竞争太激烈，此时松下公司涉足其中很难取得成果，公司的决策已经出错，如果继续错下去，就可能满盘皆输。"放弃开发计算机后，松下公司把所有人力、物力、财力和精力都集中到了公司传统产品上。直至今日，松下公司依旧在电器市场屹立不倒。

企业也好，人生也罢，具备核心竞争力，才可立于不败之地。而核心竞争力正是综合分析之后做出取舍，重点打造出来的。

答案：二、1. D　2. A　3. C　4. A

三、1. ×　2. √　3. √　4. ×　5. √　6. √　7. ×　8. √

泛听

放弃是一种智慧，缺点是一种恩惠

有一次，我在一本书上读到这样一句话："放弃是一种智慧，缺点是一种恩惠。"开始我不理解，但在生活和工作中，我逐渐开始明白这句话的含义。

"放弃是一种智慧"怎么理解呢？在生活中，很多人喜欢捏着自己的东西不放，不愿意放弃。结果呢，我们捏着不放，别人就不会把他的东西和我们分享。比如，当我们拥有六个苹果的时候，如果把六个苹果全都吃掉，那我们只品尝到了一种味道，那就是苹果的味道；如果拿出五个苹果给别人吃，尽管我们失去了五个苹果，但实际上却得到了其他五个人的友情和好感。当这五个人有了别的水果时，也会和我们分享，那最后我们可能得到了六种不同的水果，品尝到了六种不同的味道，还获得了五个人的友谊。

没有放弃就没有得到，这是显而易见的道理。我们应该学会交换和分享。

那"缺点是一种恩惠"又是什么意思呢？如果我们是完美的，我们就没有了发展的空间，有"缺点"意味着我们可以进一步努力。如果每天早上醒来，感到自己今天缺点儿什么，感到自己还需要更加完美，感到自己还有追求，那是一件多么值得高兴的事情啊！人生的乐趣就在于通过奋斗去获得我们想要的东西。

所以，当"坚持"无助于事情的发展与问题的解决时，"放弃"无疑是一种智慧；当"缺点"激发出了人的潜能、让人做到了原本做不到的事情时，它无疑成了生命的一种恩惠。

强化训练

一、根据录音内容，选择正确答案

1. 寒冬，驻守在黑龙江省漠河县北极村的边防官兵，冒着零下 30 摄氏度的严寒巡逻执勤。有记者拍下了他们的照片，发布到网上，引起网友热议。大家纷纷在留言中竖起大拇指。有网友说，边防官兵们以“祖国利益高于一切”的崇高理想守卫在边境线上，风雪无阻，用实际行动确保边境地区的和平安宁，让人肃然起敬。

问：根据这段话，下面哪项正确？

2. 地处地中海沿岸的摩纳哥是世界上面积第二小的国家，国土东西长仅 3.5 千米，南北最狭窄处不足 200 米，面积为 2.02 平方千米，人口 3.9 万。摩纳哥没有农业，全境都是高大建筑和现代化的生活设施，唯独没有可耕之地。摩纳哥的财政全靠邮票业、旅游业和赌场及关税的收入。

问：关于摩纳哥，下面哪项正确？

3. 崂山自古被称为“海上第一仙山”，面积 386 平方千米，东南两面濒临黄海，距青岛市中心 40 余千米，有大小岛屿 16 个，是我国著名的避暑游览胜地。这里有绕山长达近百千米的海岸线，有风景宜人的观海大道，山海相连，美不胜收。

问：关于崂山，下面哪项正确？

4. 许多人曾对我说过这样的话：“为了成功，我曾试了上千次，可就是不见成效。”你相信这句话是真的吗？别说上千次，他们有没有试过十次都颇令人怀疑。或许有些人曾试过八次、九次，乃至十次，但因为不见成效，就放弃了再试的念头。成功的秘诀，就在于确认出什么是最重要的，然后拿出各种行动，不达目的誓不罢休。

问：这段话告诉我们什么？

5. 据教育部数据统计，今年我国出国留学总人数为 52.37 万，较上年增长 13.9%；而留学回国人数达 40.91 万，比上年增长 12.1%。年度出国人数和回国人数之间的差距逐年缩小，“85 后”“90 后”成为留学回国的主力军。有专家预言，三年之内，“海归”人数会基本与出国人数持平。

问：根据这段话，下面哪项正确？

6 到 8 题是根据下面一段对话：

女：最近，我国冷空气频繁，降雪频繁。李主任，这对高速公路的通行有什么影响？

男：降雪导致了部分高速公路临时封闭。比如 2 号的时候，受降雪影响，荣乌高速东营段、长深高速东营段、潍日高速潍坊段等多条高速的部分路段临时封闭。云南曲靖等地道路结冰，交管部门对渝昆高速公路、普宣高速公路等部分路段实行了交通管制，禁止车辆通行。交管部门将根据具体情况，逐步将封闭路段恢复正常。

女：这对已经到来的春运有什么影响？

男：低温冰雪天气非常考验春运，而寒潮挡不住人们的回家路。铁路部门采取了一系列措施，全力保障春运，便利旅客出行。比如成都铁路局，每天有 8 个班组 64 名职工待命，一旦有命令，待命班组必须在10分钟内做好发车准备；重庆客运段为应对寒潮给每趟车都配备了应急物资：普速列车有大米、油、面条等，动车组有方便米饭、饼干等。暴雪天气时，应急物资加倍供应，保证一旦寒潮导致列车晚点，应急餐料和商品也能基本做到不断供。

6. 问：降雪天气对高速公路有什么影响？

7. 问：春运受到哪方面的考验？

8. 问：关于铁路部门为保障春运采取的措施，下面哪项不正确？

9到12题是根据下面一段话：

冬天，又到了在雪地里打雪仗、堆雪人的时候。可是，谁能想到，玩儿了一天后，眼睛开始肿胀、流泪，为什么会这样呢？

这是由于雪地就像反光板，具有极强的反射能力。在雪地玩耍时除了预防寒冷之外，还得警惕光线损伤——雪盲症。

雪盲症是因为眼睛受到了紫外线的伤害而导致的，而紫外线的主要来源就是雪后天晴的太阳。一般来说，土地颜色越深，吸收光线越多，反射就越少；而白雪地面粗糙，对太阳光的漫反射可达95%，此时无论看哪里，都会有紫外线照到眼睛。人眼会本能地迅速躲避强烈的光线，但白雪地面的光线分散了，人眼觉得没那么刺眼，本能的防范也就没有了。这时候紫外线就悄悄地开启了“伤眼模式”。

雪盲症常常是双眼同时发作，严重的可导致暂时失明，一般24小时后症状会减轻，数天内可痊愈。因此，雪天我们一定要注意对眼睛的保护。大冬天衣物穿得厚，倒是不担心皮肤被紫外线灼伤，但如果在雪地里长时间玩耍，一定还要记得戴上能防紫外线的墨镜。

9. 问：在雪地里玩儿一天之后，眼睛容易得什么病？

10. 问：雪地具有什么特点？

11. 问：这种病通常多长时间可以恢复？

12. 问：关于这种病，下面哪项不正确？

二、根据录音内容，笔答下列问题

13到15题是根据下面一段对话：

女：春节过后，部分城市的蔬菜价格就一直高位运行。统计数据显示，居民消费价格同比上涨2.8%，其中食品价格上涨5.9%。就此问题，我们请中国蔬菜流通协会戴会长为大家解读。戴会长，究竟是什么原因导致菜价上涨？

男：首先，去年冬天到今年春天，我国气候反常。南方干旱，北方发生了冰冻灾害，雨雪也比较频繁，蔬菜生长受到了影响。第二，需求增加。供需不平衡是推动蔬菜价格上涨的主要因素。第三，近期价格上涨跟蔬菜运输成本增加也有关系。近期，国家几次调高了汽油价格。当然，最根本的原因还是长期以来农产品价格偏低，蔬菜价格有一个合理上升的预期。

女：面对这样的情况，我们应该采取什么措施来应对呢？政府会有什么举措？

男：蔬菜是菜篮子商品中的重中之重。政府虽然已经把蔬菜价格放开了，让市场进行调节，但政府对蔬菜价格还是非常关注的。商务部从去年以来一直推行“农超对接”“农批对接”，最近又推出“农校对接”，使生产基地的蔬菜进入超市或者批发市场，甚至直接进入终端市场。这样，流通环节减少很多，最终价格就会下降。

13. 问：食品价格同比上涨了多少？

14. 问：蔬菜价格上涨的最根本原因是什么？

15. 问：面对蔬菜价格上涨，政府采取了什么措施？

16 到 18 题是根据下面一段话：

无论是学生还是白领，总免不了有熬夜的时候。但是有时候，为什么熬夜了，第二天反而感觉精神更好？这是怎么回事呢？

其实，这是因为第一天大脑分泌的多巴胺在第二天会刺激人体，提供更多的能量以及兴奋感。由于身体没有得到应有的休眠，我们的生理和精神都处于非常疲劳的状态，这时，作为“统领”的大脑就会发现，它的“士兵”需要“粮食”供给了。而这“粮食”就是神经传导物质——多巴胺。因此，偶尔一次的熬夜，不仅能让人第二天仍然保持“战斗力”，还会让人更容易感到开心和满足。

但是，千万别高兴得太早了。其实这是一种使人体变得消极的机制，一旦这种状况持续很久，人体功能就会紊乱。熬夜过多，多巴胺的分泌也不会提供给人体兴奋感了，反而会让人一夜之间变得苍老和疲惫。

16. 问：偶尔熬夜，第二天往往有什么感觉？

17. 问：大脑分泌的多巴胺有什么作用？

18. 问：熬夜过多有什么后果？

19 到 21 题是根据下面一段话：

“半城绿树半城楼”是南宁最突出的城市特色。居住在南宁，人们会深深地感受到绿色带来的美妙。

近几年来，南宁市政府非常重视城市园林绿化和生态环境的建设。为了打造“绿城”品牌，南宁市政府在全市广泛开展“租地建绿”“植绿护绿”活动，全面推进绿色工程，开辟了多处供市民休闲健身的广场、绿地和公园。如果说街道是南宁绿城中的条条绿线，那么公园、广场和游园绿地则是串在这绿线上的珍珠。

南宁一年四季中，树绿而荫浓，花香而果多。果树上街更是在全国独树一帜，种在街道两侧的扁桃树、杧果树等果树，品种繁多，各具特色。一街一树，一街一景，让人赏心悦目。

水是绿色的源泉。为使绿色永驻，这几年，南宁人对污水进行了大力治理，现在穿城而过的邕江清澈洁净了许多。这使南宁市真正成为山、河、湖、溪与绿树、鲜花交相辉映的都市。

19. 问：为了打造“绿城”品牌，南宁市政府做了什么？

20. 问：南宁最独特的绿化景观是什么？

21. 问：为了使绿色永驻，南宁人做了什么？

答案：一、1. C　2. C　3. C　4. A　5. A　6. D
7. A　8. C　9. C　10. D　11. B　12. B

第 14 课　繁忙的城市，有序的交通

热身

高 速 铁 路

很多人以为，火车运行速度越快越好。其实，各种火车各有所长，各有适宜的地带。高铁是高速客车专列，没有商业货运功能，客票价格高，适宜在人口较多的大城市运行，从而支撑高铁的高成本。高铁确实更快，而普通快速列车目前对普通区域更实惠，也有很大的需求空间。适宜的、便利的才是最好的。

世界铁路发展历史证明，高速铁路是经济社会发展的必然趋势。中国现在已成为世界上高速铁路系统技术最全、集成能力最强、运营里程最长、运行速度最高、在建规模最大的国家。

答案：1. A　2. B　3. D　4. B

精听

繁忙的城市，有序的交通

香港是世界上道路交通最繁忙的城市之一。来到香港，很多人会惊讶香港道路的狭窄与局促，又会惊讶香港道路管理得井然有序，极少出现堵车的现象。那么香港是如何做到的呢?

首先，公共交通站点及疏散通道设计合理，保证了畅通。比如，其他城市的地铁口通常也就四个，而香港地铁往往一个站就有多个出入口，设置在商场、写字楼、大学的附近或里面。有的站出入口竟然达到 14 个。这样，出站人群就能够迅速分流，乘客进入地铁也很方便。

其次，为了有效使用路面，香港特区政府采取提高驾驶成本等手段有效地控制了私家车的增长。香港私家车数量约为 60 万辆，每 1000 人拥有私家车的数量为 100 辆，这个比例相对比较低。

再次，在自觉遵守交通秩序方面，香港市民做得很好，这正是避免交通堵塞的主要原因。我曾经问过一个香港朋友："为什么香港人多、车多、路窄，却不堵车?"他听后反问："你在香港看到有行人闯红灯吗? 看到有司机随意变更车道吗?"因此，是否自觉遵守交通规则，可以说是考验市民素质的一个重要因素。

最后，香港的交通管理很多地方都体现着"人性化"的理念。比如：交叉路口行人过街信号是有声的，为盲人提供了方便；人行横道在道路中间设置安全岛，一次绿灯来不及通过的行人可在安全岛等待；香港的地铁线路四通八达，但大多数换乘都可以在一个平面完成，乘客从一列地铁走下，经过一条平面通道就可以走上另一列地铁；等等。

答案：二、1. A　2. B　3. A　4. A
三、1. √　2. ×　3. ×　4. √　5. ×　6. ×

泛听

高铁上的盒饭

高铁列车上的盒饭是怎么做出来的？怎么保证旅客既能吃饱又能吃好？让我们一起探访一下高铁“大厨房”——北京京铁列车服务有限公司生产基地。

要想进入盒饭生产车间非常不容易。进入的人必须穿白大褂，换鞋，用帽子包裹住头发、耳朵，再戴好口罩。层层“武装”后，还要再经过消毒房消毒。

每天天不亮，新鲜的食材就被运到这个“大厨房”，当天就被做成香喷喷的盒饭套餐，第二天就能递到旅客手中。所有食材从进入基地开始，每个环节都有专门的质检人员进行控制。蔬菜分拣车间里还有专门的检查人员负责查看菜切得是否符合各项标准。完成制作的套餐还要经过最后一道检验——拍 X 光片。套餐里出现任何异物，这份套餐都将被直接挑拣出来。

漫漫旅途，吃好吃饱最重要。为了让旅客吃到“家”的味道，高铁“大厨房”在标准化生产的同时，还专门保留了几款传统手工特色美食。比如蒸的包子，是由专门的面点师傅手工包成的。

这个高铁“大厨房”每天要配制 18 种两万份高铁套餐。配送京沪、京广、京哈三大干线的 56 对车次，最远可伴随旅客到达厦门等地。套餐售价在 10 元到 99 元之间。最便宜的 10 元餐是两只装的包子，最贵的是 99 元的双人套餐，包括五个菜、两盒米饭。

现在的套餐和以前相比，饭量、菜量都增加了。以前的套餐都是米饭和菜在同一个包装盒内，三菜一饭；现在则是一盒菜、一盒饭。菜品从三种增加到四种，菜量也增加了，但套餐价格仍和以前一样。单独的一盒米饭 250 克，一盒菜 500 克。一般来说，一份套餐足够让旅客吃饱了。

强化训练

一、根据录音内容，选择正确答案

1. 茶道中“和”的基本含义包括和谐、和美、平和等，其中主要是和谐。通过以“和”为本质的茶事活动，创造人与自然的和谐以及人与人之间的和谐。茶文化关于“和”的内涵既包含哲学思想又包括人们认识事物的态度和方法，同时也是评价人际关系的价值尺度。

问：根据这段话，下面哪项正确？

2. 县级数字图书馆推广计划的资源总量非常大，包含有 5000 多种数字图书、2000 多种数字期刊、20000 多条政府信息和大量的视频及图片资源。目前数字图书馆已经覆盖了 659 个县，其中山东省、新疆维吾尔自治区等省区实现了全覆盖，其余地区的数字资源准备工作也已经完成，预计在今年年底前将覆盖全国所有的县。

问：关于县级数字图书馆，下面哪项正确？

3. 花样滑冰是冬季奥运会的正式比赛项目，是技巧与艺术相结合的一项冰上运动项目。花样滑冰运动员穿着鞋底装有冰刀的冰鞋，靠自身力量在冰上滑行，在音乐的伴奏下，在冰面上滑出各种图案，表演各种技巧和舞蹈动作，裁判员根据动作评分。国际滑冰联盟规定的比赛项目有单人花样滑冰、双人花样滑冰和冰上舞蹈 3 个。

问：关于花样滑冰，下面哪项正确？

4. 很多人有晨起喝水的习惯，但由于时间限制，他们一般会选择隔夜的凉白开，这就给自己埋下了健康隐患。那烧开的水放多久就不能喝了？在气温超过 30 度时，空气的湿度高，细菌繁殖比较快，人喝了这种被污染的隔夜水，很容易出现不适。气温不是很高的时候，喝隔夜水总体对健康影响不大。一般情况下，白开水放置时间如果超过 24 小时，最好不要再喝。

问：根据这段话，下面哪项正确？

5. 什么最能代表外国人眼里的中国文化元素？央视联合中国外文局对全球 22 个主要经济体发起调查，长城、武术、熊猫、中医药和美食等不出意料地位居前列；经典国学、书法绘画、文化典籍等名列其后。每 4 个海外受访者中就有 1 个人认为中国产品是他们眼中突出的中国文化元素。另一个让外国人印象深刻的中国文化元素是尖端科技。北斗导航、青蒿素、量子卫星、天眼望远镜屡创得分新高，而高铁拿到了总分第一。

问：根据这段话，下面哪项正确？

6 到 8 题是根据下面一段对话：

女：同样都叫“小年”，但在不同地区，不仅风俗会略有差异，过节的日期也不一样。王教授，您作为民俗专家，能给我们具体讲一讲吗？

男：是的，在全国不同地区，“小年”的日期并不一样：北方大多数地区是农历腊月二十三；包括浙江台州一带在内的部分南方地区则是腊月二十四；还有的地方称正月十五元宵节为“小年”；上海则是把除夕前一天叫作“小年夜”。

女：为什么有这样的不同呢？

男：这与古代不同朝代的历法、地区性差异等诸多因素有关。古代皇家会修历法，一般会有明确规定，比如腊月二十三是小年等等。但具体到每个地区，出于实际需要，当地人会有不同的理解，年深日久，难免出现日期不统一的情况，这充分说明了中国传统民俗文化的多样性。

6. 问：这段对话主要说的是什么？

7. 问：关于“小年”，下面哪项不正确？

8. 问：“小年”日期产生差异的原因不包括下面哪项？

9到12题是根据下面一段话：

北京一位女中学生以优异的成绩考上加拿大卡尔加里大学国际商务专业，有人说，这姑娘将来一定能成为女强人。孩子的父母却不这样认为："我们的女儿只是一个普通的女孩儿，我们并不期望她成为'人上人'，只要她能健健康康，快快乐乐，正正派派，自食其力地生活，做个普通人就很好。"

当年，杜鲁门新当选美国总统，有人向他的母亲祝贺："您有这样的儿子，一定十分自豪。"杜鲁门的母亲回答："是的。不过，我还有一个儿子，同样让我骄傲。他现在正在地里挖土豆。"按照世俗的观点，如果做总统是"人上人"，那么挖土豆自然就是"人中人"了。前者如果理解为是出类拔萃之人，那么后者就是平常普通之辈。其实不管是"人上人"还是"人中人"，在人格上没有高低贵贱之分，都是平等的。"人上人"固然可敬，"人中人"同样值得赞赏。

9. 问：女中学生的父母希望孩子成为什么样的人？

10. 问：杜鲁门的母亲为什么觉得两个儿子都值得骄傲？

11. 问："出类拔萃"是什么意思？

12. 问：为什么"人上人"和"人中人"都值得赞赏？

二、根据录音内容，笔答下列问题

13到15题是根据下面一段对话：

女：李先生，您好！作为一家大公司的销售主管，您认为做销售工作的人应该具有什么样的精神品质、性格和能力？

男：首先是坚持，坚持一份工作，就会获得经验，从而会有更大的发展；其次是踏实的性格，做销售工作并不会短时间就能有很满意的收入，所以需要踏实；最后一点，也是最重要的，是对市场敏锐的观察力，销售行业需要抢先抓住市场的动向，知道顾客需要什么，才能离成功越来越近。

女：销售工作所需要的能力和别的工作有什么不同？

男：首先是要有与人沟通的能力，这种能力最好是特别强，因为在卖场销售的时候，就是面对面地与顾客交流，如果沟通不好的话，不仅会影响销售业绩，甚至还会引发矛盾，遭到投诉，工作不保。

女：您觉得现在您的人生价值实现了吗？家人对您的工作满意吗？

男：我觉得我已经实现了人生价值，我的人生价值并不多么伟大，让家人温暖就好，只要做到这一点我就心满意足了。家人对我的工作也很满意，我们公司按照国家法定假日休假，这使我有充足的时间来陪伴我的家人。

13. 问：男的认为做销售工作应该具有什么性格或能力？

14. 问：销售工作所需要的能力和别的工作有什么不同？

15. 问：男的的人生价值是什么？

16 到 18 题是根据下面一段话：

6 月的北京，天气一天比一天热。然而，比天气更热的，是全国少数民族文艺会演开演以来，首都北京掀起的少数民族文化热。

演出剧场，一票难求，有的场次甚至出现了观众站在走廊里、坐在地板上观看演出的情形。台上演员们倾情表演，台下观众看得如醉如痴，掌声、欢呼声不断。剧目终了，演员们一次又一次谢幕，热情的观众仍久久不愿离去。剧场外，有关文艺会演的报道占据了媒体的主要版面，成了市民们热议的话题。人们关注的目光，从一个个剧目扩展到少数民族文艺上，进而又聚焦在少数民族文化的保护与发展上。

中华文化具有统一性、多样性交相辉映的显著特征。各民族文化，从美不胜收的歌舞音乐到丰富多彩的节庆活动，从千姿百态的建筑到绚丽缤纷的服饰艺术，共同汇聚成博大精深的中华文化，极大地丰富了各族人民的精神文化生活，同时又为发展社会主义先进文化、推进现代化建设提供了有力服务。

16. 问：首都北京掀起了什么热潮？

17. 问：人们除了关注少数民族文艺演出，还关注什么？

18. 问：中华文化具有什么显著特征？

19 到 21 题是根据下面一段话：

“普通话”这个词最早出现在清末。1949 年新中国成立，推广国家通用语言文字显得非常必要。1953 年春天，为制定统一的语言规范，国家组织语言专家到各地进行语音标本采集。1955 年在北京举行的全国文字改革会议上，经过仔细研究，大家一致决定将现代标准汉语称为“普通话”。普通话的“普通”二字，是“普遍”和“共通”的意思。普通话作为现代汉民族的共同语言，也是各民族的主要交际语。

如今，普通话普及率从 2000 年的 53% 提高到 2015 年的 73% 左右，参加普通话水平测试的累计超过 6500 万人次，95% 以上的识字人口使用规范汉字，社会用字进一步规范。

推广普及国家通用语言文字，好处多多。对于中国这样一个幅员辽阔、人口众多，拥有多民族、多语言、多方言的大国而言，推广普及国家通用语言文字更是有着多重意义，比如促进民族、地域间交往交流，建立统一市场，维护国家统一，增强中华民族凝聚力，等等。

19. 问：普通话的“普通”是什么意思？

20. 问：各民族的主要交际语是什么？

21. 问：推广普及国家通用语言文字有什么好处？

答案：一、1. C　2. C　3. A　4. C　5. C　6. B
7. A　8. D　9. B　10. D　11. A　12. C

第 15 课　纠正惰性生活方式

热身

意志力只是一个神话

当一件需要长期坚持的事情摆在我们面前时，我们总喜欢谈论意志力的重要性，好像只要你意志力足够强，你就能坚持到底一样。而如果你没有坚持到底，那一定是意志力的原因。

我从没有相信过这种意志力的神话。在我看来，意志力是非常不可靠的，你越强调它，越依赖它，你中途放弃的可能性就越大。因为意志力总有可以承受的极限，就像一根已经拉得很紧的绳子，若是再用力的话，随时都会断。

如果我能长期坚持去做一件事，一定是这件事带给我的丰富感和满足感超过了我所有的付出，一定是这件事日日夜夜萦绕在我的心头让我欲罢不能，一定是这件事唤起了我内心深处最强烈的兴趣。也就是说，给予我力量的，是激情，而不是意志力。

这种想法不只是我独有，科学研究也证实了这一点。心理学家们通过实验发现，在“兴趣”这种内部动机的驱动下，人们完成同一任务的表现比在物质奖励的驱动下更好。

答案：1. B　2. B　3. A　4. B

精听

纠正惰性生活方式

当你觉得生活充满惰性，学习充满困难时，不妨了解一下大脑是怎么想的。

在学习和生活中，我们可能都有过这样的经历：当想要做某件事情时，过了好久发现还是没有做，或者觉得有力气使不出来，或者总觉得生活是灰色和压抑的。生活好像总被一种“惰性”缠绕，知道这样不好，但又不知道从何处入手来改变。

心理学家对这种行为方式进行仔细观察后提出：应该纠正惰性生活方式，从而带来整个人生的良性改变。

如何纠正惰性生活方式？如果你尝试一下下面的方法，你会发现，你整个人都会变得不同；如果能继续坚持，那惰性生活方式就会永远不敢再接近你，而你将获得你期待的成果。

首先，用一到两天时间给自己做一个行为记录，把通常每天要做的事情记下来，包括所有的生活活动。这样，即使粗粗地记，一天大约也会有几十件事情。然后把其中吃饭、穿衣等必须完成的事情剔除掉。这之后，你把剩余的几十件事情按照自己的兴趣排列，把最不喜欢做的事情放在第一位，把最喜欢做的事情放在最后一位。排好之后，你就可以在接下来的一周行动了。每天一早起来，从最不喜欢的事情开始做起，并且坚持做完第一件事情，再做第二件事情……一直做到最后一件你喜欢的事情。在整个过程中，你开始可能会觉得有些困难，但只要花一些力气坚持，你就能顺利进行下去。千万不要在中途避开那些你不喜欢做的事情。

先处理困难的事情，再处理不那么困难的事情，这种方式起到了一定的强化作用。那是一种对前面行动的强化，继续做下去，强化的作用会越来越大，一直大到你觉得有力量来完成任何事情。对于想改变惰性生活的人来说，这种方法有很好的效果；而对于经常抑郁的人来说，这种方法将直接改变压抑的情绪，只要坚持，压抑的生活方式会永远结束。

如果你愿意尝试，并且多一份坚持，你将发现，生活着，工作着，是一件多么轻松有趣的事情啊！

答案：二、1. B　2. A　3. A　4. D
三、1. √　2. √　3. ×　4. ×　5. √　6. ×

泛听

如何成为专家

很多人发出这样的疑问：为什么有的人用两年时间就足够卓越了，而有的人工作二十年仍不是专家？

有人说成为专家主要靠经验，也有人说靠天赋。但大量的研究发现：无论是经验还是天赋，都不是成为专家的关键因素。心理学家研究认为：具有“高水平”还是“一般水平”取决于“刻意练习”的程度。

“刻意练习”是指为提升效果而刻意进行的练习。这种练习要求练习者离开自己的“舒适区”，按照一定的方法不断地练习和提高。比如，足球爱好者只是享受踢球的过程，普通的足球运动员也只是按部就班地训练和参加比赛，而顶尖的足球运动员却能不断地发现自己现有能力的不足，并且以自己“不舒服”的方式挑战、练习高难度动作。这就是“刻意练习”，而绝不是单纯的工作经验。正是这种“刻意练习”的程度，决定了真正的大师和一般职员的差距。

有的人有二十年工作经验，但是大部分时间都在无意识地重复自己做过的事情，真正“刻意练习”的时间可能二十小时都不到；有的人只有两年工作经验，但是每天花费大量额外的时间做“刻意练习”，不断挑战自己专业水平的极限，用于“刻意练习”的时间可能有两千小时。这就是有的人工作二十年仍然不是专家，而有的人只用两年时间就可以表现卓越的原因。表面上看是二十年和两年的区别，实际上是二十小时和两千小时“刻意练习”时间的差距。由此可见，要想成为高水平的专家，“刻意练习”有多重要。

强化训练

一、根据录音内容，选择正确答案

1. 央视品牌节目《我要上春晚》昨天在京举行媒体见面会。《我要上春晚》是一档以为春节联欢晚会甄选和输送节目为主旨的节目。中央电视台综艺频道总监表示，节目体现时代性、民族性、国际性，坚持百花齐放、百家争鸣的创作方针，引进世界文化艺术的经典作品，努力呈现大格局、大情怀的互动综艺形态。

问：关于《我要上春晚》，下面哪项正确？

2. 由中宣部、教育部和中央电视台联合推出的大型公益节目《开学第一课》，即将于 9 月 1 日 21 点在央视综合频道首播。素有“少年儿童春晚”之称的《开学第一课》节目如今已迈入第十个年头。今年，节目将以“中华骄傲”为主题向全国少年儿童开讲。“中华骄傲”四字含义丰富而深远，今年的《开学第一课》将对这一主题做出颇具特色的解读。

问：关于《开学第一课》，下面哪项不正确？

3. 松美术馆坐落于北京市顺义区温榆河畔。美术馆总占地面积 22000 多平方米，室内展览面积约 2200 平方米，共 12 个展厅。这是一家具有国际视角、国际标准的私立美术馆，以个人收藏为基础，致力于推动中国当代艺术发展，开展高品质的艺术展览、深度学术研究，普及公共审美教育。

问：关于松美术馆，下面哪项正确？

4. 2016 年 9 月，新疆启动全民免费健康体检，城乡居民每年可享受一次百元标准的免费健康体检，费用由政府财政承担。截至 2017 年年底，两轮全民体检已经完成，两年累计 3634 万人次参加了体检。这项惠民工程提高了老百姓的疾病防控、重视健康保健的意识。目前，新疆已决定建立适合本地特点的健康体检工作长效机制，今后全民免费健康体检将实现“常态化”。

问：根据这段话，下面哪项正确？

5. 公路对于一个地区，特别是“老少边穷”地区发展经济、摆脱贫困具有极大的重要性。要致富，先修路。在实施乡村振兴的战略中，乡村公路建设是农村基础设施建设的重要一环。近年来，各地在加强农村基础设施建设的过程中，加大了对农村公路的建设力度，“四好农村路”建设已经成为兴农富农、改变农村面貌的“康庄工程”。

问：关于农村公路建设，下面哪项不正确？

6 到 8 题是根据下面一段对话：

女：您能给大家介绍一下过年贴春联的习俗是什么时候开始的吗？

男：贴春联这一习俗在我国有着悠久的历史和浓厚的民间基础。早在唐代开元年间，民间就已经有了在门上张贴吉祥、喜庆之语的习俗了。随着社会的发展，贴春联已成为新春佳节期间中国人的一种文化活动。

女：您认为春联在现代生活中有什么意义呢？

男：春联可以烘托喜庆祥和的节日气氛，寄寓着人们对美好生活的向往和希冀，是一种传统的文化形式。在现代生活中，它与时俱进，具有丰富的时代内涵，饱含着催人奋进的时代精神。

女：很多人觉得，春联中的书法本身也是一种艺术，各种字体都能给人带来美的享受。

男：是的，文字是媒介，书写则是传播。无论是篆书、隶书、楷书，还是行书、草书，客观上都展现了春联这一传统文化形式的发展成果。这既是一种文化普及，也是一种艺术传承。

6. 问：关于贴春联，下面的描述哪项不正确？

7. 问：下面哪项与春联无关？

8. 问：春联中的书法有什么特点？

9 到 12 题是根据下面一段话：

据统计，近十年来，人类知识的总量超过了以往 2000 年的总和，并且还在以成倍的速度发展。举个例子，假如一个行业里的权威学者三年不学习新知识，那么三年后他几乎不可能看懂一篇本行业里前沿的博士论文。

稳定往往会带来一个弊端，它使人丧失斗志，如同温水中的青蛙，不敢主动做出改变，而一旦改变来临，势必会陷入被动之中，甚至被淘汰。随时随地学习的能力，就是一种打破沉闷和死气沉沉的力量，它是一种自我提升，也是对自我人生的丰富。

没有人能“啃”着在学校学到的知识混一辈子。事实上，一个人在学校学到的知识，在此后的工作中只能用到 20% 左右，任何人都不要过早下“过了学习的年龄 ”“心有余而力不足”的结论。

9. 问：这段话的主要意思是什么？

10. 问：这段话中所举的例子是为了说明什么？

11. 问：打破沉闷的关键是什么？

12. 问：根据这段话，下面哪项正确？

二、根据录音内容，笔答下列问题

13 到 15 题是根据下面一段对话：

女：一个阅读量很大的人，是不是意味着掌握了很多知识？

男：不一定。过去我读书确实很勤奋，两年读了 200 本书，可是，当我重新把这些书拿出来看时，发现基本白读了：今天能从书中看到的价值，过去看不到；过去在书中看到的东西，今天基本不记得了。我不是说这段大量阅读的经历没用，而是说从付出和获得的比例来说，它是失败的。我陷入了“低水平勤奋”的陷阱。

女：问题出在哪儿？

男：我那时读书的方式太原始了。我遵循的是传统的读书方法：把一本书拆分成了一个个孤立的知识点。读书的目的成了理解和记住一些孤立的知识点。而理解和记忆一个个孤立的信息，并不是我们大脑擅长的高效行为，而且，即使记住了，对我们的帮助也不大。

女：那么记住什么样的信息对我们帮助大？

男：现代社会，信息既重要，也不重要。你要了解什么，上网一查，一般都有。“知识”和“信息”是不同的，只有那些能够改变行为的信息才是“知识”，而“知识”才是重要的。一切的学习和努力，无非三个目标：一是解释问题，二是解决问题，三是预测问题。评价学习是否有效的标准也很明确，那就是学习之后，行为或认知是否发生了改变。

13. 问：男的的问题出在哪儿？

14. 问：学习和努力的目标是什么？

15. 问：评价学习是否有效的标准是什么？

16 到 18 题是根据下面一段话：

相信自己与善于听取别人意见并不矛盾。古往今来，历代君主在处理国家大事上都懂得权衡这两点。

齐桓公爱穿紫色衣服，但紫色衣服的布料过于昂贵，百姓们想效仿齐桓公穿紫衣，却因经济条件有限无法担负置衣费用。当臣子向桓公反映情况时，他没有立马下令禁止全国百姓穿紫色，而是先以身作则，换掉紫衣，然后命令朝中文臣武将换掉紫衣，这样一来，很快全国就没人再穿紫衣了。几百年后，也是在齐国，邹忌向齐威王进谏，建议他广开言路，齐威王也是经过思考最后说：“善。”最终这一办法效果显著，甚至引来他国的顶礼膜拜。

看来，“自信”与“信他”两者取得平衡最好的办法就是在“自信”时广开言路，听取他人意见并取其精华；在“信他”的时候结合自己的观点，“择其善者而从之”。这样一来，两种意见相辅相成，各美其美，形成一种和谐的共融。这才是我们“自信”与“信他”的最终目的。

16. 问：举古代君主的例子是为了说明什么？

17. 问：在“自信”时，应该怎么做？

18. 问：“自信”和“信他”的最终目的是什么？

19 到 21 题是根据下面一段话：

每年的 8 月 13 日被称为“国际左撇子日”。左撇子又叫“左利手”，是一种奇特的生理现象。关于左撇子的成因有很多说法，有些理论在提出后又被推翻，或是存在较为明显的缺陷，直到现在也没有明确的结论。

有学者认为“利手”是先天形成的，与子宫环境有关，在胎儿时就已决定，通常是靠近嘴巴举起的那只手会成为胎儿出生后的利手。还有一种说法是，利手的形成与基因有关。另外，出生前接触较高剂量的睾酮也会增加成为左撇子的可能。如果右手长期受到伤害，处于行动不便的人也可能成为左撇子，即使是在右手恢复功能之后，左手也依然是利手。

通常习惯使用右手的人，左脑功能较发达，右脑功能有待开发利用；而左撇子的右脑更发达，左脑有待开发。但是人的大脑发育必须要全面，这就意味着左、右脑应同时开发。左利手和右利手在智商方面并没有太大的区别。有一些证据表明左利手更擅长发散思维，或者从现有的知识发展出新的理论，这被认为是创造力的要素。

19. 问：左撇子是一种什么现象？

20. 问：学者认为“利手”的形成与哪些因素有关？

21. 问：左撇子更擅长什么方面？

答案：一、1. D　2. C　3. A　4. C　5. D　6. D
7. C　8. A　9. D　10. C　11. A　12. A

第 16 课　互联网时代的阅读

热身

互动性阅读

当代作家冯唐的小说语言带有鲜明的古文特色，这与他曾阅读大量史书有关。小学高年级时他就受一个老师影响开始读史书，初一时更是发下宏愿要把“二十四史”全部读完，要知道“二十四史”共计约 4000 万字，要读完几乎是不可能的，可最后他竟也读了三分之一。

冯唐读史书一点儿都不觉得辛苦，反倒是兴味盎然，他的诀窍是把史书当作练习题集来读。什么意思呢？读的时候假想自己就是那一朝那一代的皇帝，只要书中一出现大臣在殿上上奏的内容他就停下来，遮住书页，想想自己会做什么样的决定，然后再和书上的记述相对照。这种方法让冯唐能更加主动地思考历史，更加深入地分析和评价历史人物的得失，从而训练了自己的判断力和决策力。

这种互动性的阅读把被动、单向的知识接受变成了主动的思考训练和技能训练，在趣味性和学习效果上都远远超过了普通的读书法。把被动的事变成主动，自行把控方向和进度，兴趣自然越来越浓厚。

答案：1. A　2. B　3. C　4. C

精听

互联网时代的阅读

互联网时代的阅读，也就是近十几年的事。大大小小的屏幕开始占领人们的生活空间，为人们开启了一种新型的阅读方式。

与传统阅读相比，网络阅读的优势可谓鲜明。首先，它“抛弃”了几千年来有形的书，实现了“无书”阅读。这在节省纸张、节约资源方面意义重大。其次，这种阅读对“视时间如生命”的人来说特别实用，人们再也不必花费大量的时间到图书馆或书店去寻找自己想要的书了，只需点击、搜索即可。再次，网络时代的人们对需要的书，也不必册册购买，因为许多网站都提供了下载功能，而且速度奇快。当年《哈利·波特》在全国许多书店都出现了脱销的现象，而上海一个学生则是从网上下载了这本书，并向老师推荐，说比买一本纸质书看便宜得多。最后，网络阅读时，人们还可选择背景音乐，甚至还可使用各种阅读程序，让电脑读给自己听，这是多么美妙的享受啊！

总的来说，网络阅读的优点是很明显的，它对开阔我们的阅读视野和提高自身的综合素质都起到了不可估量的作用。

当然，网络阅读的缺陷也是显而易见的。首先是对视力的危害很大。其次，相对于传统阅读，网络阅读更容易让人处于失控状态，很多人沉溺其间，不能自拔。最后，网络阅读信息量大、内容庞杂，人们有时很难迅速筛选出有价值的信息。

网络阅读的人群每年在高速增长着，这就需要有关部门尽快建立健全相关规章制度，加大对网络监督和管理的力度。同时，我们也要尽可能提高甄别、筛选、利用信息的能力，这样才能让网络阅读发挥它最大的价值。

答案：二、1. A　2. A　3. C　4. C
三、1. √　2. √　3. ×　4. √　5. √　6. √　7. √　8. ×

泛听

新型阅读

阅读，是工作、生活、学习过程中的重要环节，是获取知识、掌握技能、愉悦心情的关键途径。近年来，随着信息技术的发展，数字化阅读呈井喷式增长，手机、电脑、电子阅读器等越来越成为主流阅读的载体。

数字化阅读对传统纸质阅读起到了一定的替代作用，但这并不意味着纸质阅读会走向消亡。数字化阅读和传统纸质阅读是相辅相成的关系。一方面，纸质图书的创作出版为网络传播提供了更多优质内容，许多网站和微信公众号的文章都来自纸质书；另一方面，许多人正是在网上看到好的图书片段，或是看到书评、推荐信息等，再到线下找纸质书来看。

虚拟现实、增强现实等技术的兴起，为读者带来了生动有趣的阅读新体验。一位使用了虚拟现实技术的读者说："下载一款专用软件后，用手机对着书中的恐龙图片轻轻一点，一只只立体的恐龙就浮现出来，摇晃脑袋，摆动尾巴，很有意思。"增强现实技术能营造出身临其境、栩栩如生的效果，帮助读者更直观地理解书中的内容。

互联网时代，信息和知识的共享越来越普遍，一些新兴的读书活动受到追捧，如线上读书会等，在阅读的过程中加入了社交元素。再如，微信公众号组织的读书活动，参与者支付一定费用后，会收到系统推荐的几本书，要求在一定时间内读完并寄回，如果能按时完成阅读任务，就会返还所交费用。有的微信公众号提倡读者写阅读感受，其他读者会看到这本书的流转轨迹，并与其他书友进行交流。这些都是群体性的读书方式，读者沉浸其中能获得读书参与感，并培养集体习惯。

我国自古以来就有以书会友、交谈论辩的传统，读书不应局限于一个人独守书斋，交流互动才能更好地促进阅读和思考。当今时代，互联网为我们提供了更多互动的便利，在分享、互动、传播中，阅读的价值被进一步放大。

强化训练

一、根据录音内容，选择正确答案

1. 东极岛并不是一个正式的地理名称，也不是指单个的岛屿，而是习惯上对浙江省舟山市普陀区东极镇所辖的所有岛屿的总称。它四周被东海包围，不仅有浓厚、古朴的渔家特色，更有美不胜收的海景。它包揽了真正意义上的阳光、碧海、岛礁、海味。这里气候宜人，水质清澈，是少有的纯洁之地。

问：关于东极岛，下面哪项正确？

2. 11 月 3 日，珠海湾仔码头热闹无比，一条见证城市腾飞之旅的航线正式启航，这是由珠海市九洲邮轮有限公司全新推出的"珠澳海湾游"。90 分钟的船程带你畅游珠海、澳门两地海域，同时还能近距离观赏震撼世界的世纪工程——港珠澳大桥。由于市民的热情高涨，公司临时加开了 12 个航班，近 10 天的航班位都已被订满。

问：根据这段话，下面哪项正确？

3. 廊坊市距离首都机场和天津机场都很近。北京的第二机场距离廊坊市区也仅仅 26 千米，预计 2019 年建成，届时廊坊空港新区将打造成北京新机场国际门户的重要功能区。廊坊市有 7 条高速公路、5 条铁路干线，10 条国家级、20 条省级公路纵横交错，形成了海陆空立体路网，给城市发展和区域价值带来了巨大的交通利好。

问：关于廊坊市，下面哪项正确？

4. 新疆的很多民族都喜欢喝奶茶，奶茶的原料是茶和牛奶或羊奶。奶茶的做法并不复杂，先将砖茶捣碎，放入铜壶或锅中煮，茶烧开后，加入鲜奶，沸腾时不断用勺扬茶，直到茶乳充分交融，除去茶叶，加盐即成。也有不加盐的，只将盐放在身边，根据每个人的口味确定加盐量。不同的民族，不同的地区，人们选用的茶叶和制作的方法也各有差异。无论什么茶，烧制成奶茶后，都具有诱人的芳香和可口的味道。

问：根据这段话，下面哪项正确？

5. 俄罗斯一家门户网站研究了俄罗斯消费者对中国网店商品的需求。结果显示，去年"双十一"那天，俄罗斯买家"战绩辉煌"，为中国电商平台贡献了 2000 万份订单，占海外订单总量的六成。今年，俄罗斯买家数量与去年相比，增长了 89%，他们在中国网店的订单量增长了 74%。预计今年的"双十一"，俄罗斯人在中国网店的购物量相较去年可能会增长 24 倍。

问：根据这段话，下面哪项正确？

6 到 8 题是根据下面一段对话：

女：你希望你老的时候是一种什么样的生活状态？

男：我希望我老的时候，老伴儿在身边，不缺钱，同样重要的是，想做什么就能做什么。

女：你有个外号叫“刘铁人”,1990 年，你接拍了 12 部电影，为什么一年要接拍那么多的戏呢？

男：我觉得我一定要继续在演艺圈活下去，才可以让大家有机会知道我的演技。因为在那个时候，大家当我是个“偶像”，不会留意我的演技，关注的可能只是我的外形，长得帅就可以了。我那个时候知道，如果我想待在演艺圈，就要多接戏，不管怎样，要让大家对我有印象，了解我的实力在哪里，我要牢牢地绑在大家的心上。

女：你介意大家说你只是个“偶像”吗？

男：完全不介意，我还是要继续当我的“偶像”，偶像没有什么不好。偶像有很多种，有一种偶像，是一辈子的偶像，不管他多老，不管他多丑，不管他多累，或者他的状况多么不理想，人们都一直爱他。

6. 问：关于男的希望自己老年时的生活状态，哪一点没有提到？

7. 问：男的为什么在 1990 年接拍了那么多电影？

8. 问：男的怎么看待“偶像”？

9 到 12 题是根据下面一段话：

有一个精神病人，以为自己是一只蘑菇，每天都撑着一把伞蹲在房间的角落里，不吃也不喝，像一只真正的蘑菇一样。心理医生想了一个办法，他也撑了一把伞，蹲坐在病人旁边。病人觉得很奇怪，医生说：“我也是一只蘑菇。”病人点点头，继续做他的蘑菇。

过了一会儿，医生站起来，在房间里走来走去。病人问他：“你不是蘑菇吗？怎么可以走来走去？”医生回答：“蘑菇当然也可以走来走去呀！”病人觉得有道理，也站起来走走。又过了一会儿，医生拿出一个汉堡包开始吃。病人又问：“你不是蘑菇吗？怎么可以吃东西？”医生理直气壮地回答：“蘑菇当然也可以吃东西呀！”病人觉得很对，于是也开始吃东西。

几个星期后，这个病人就能像正常人一样生活了，虽然他还觉得自己是一只蘑菇。

有时候，当一个人悲伤得难以自持的时候，也许他不需要太多的劝解和安慰、训诫和指导，他需要的只是能有一个人在他身边蹲下来，陪他做一只蘑菇。

9. 问：病人为什么蹲在角落，不吃不喝？

10. 问：医生用什么办法帮病人治病？

11. 问：病人能够正常生活的原因是什么？

12. 问：悲伤的人可能最需要什么？

二、根据录音内容，笔答下列问题

13 到 15 题是根据下面一段对话：

女：作为一名专业摄影师，您喜欢什么样的摄影风格？

男：我喜欢干净、简洁和诚实的风格。我通常都利用自然光线拍摄，并且非常喜欢拍摄自然环境中的人物，因为这样可以展示被拍摄对象的真实生活状况。

女：您为什么选择了摄影这个职业？

男：我父亲是一名飞行员，他选择这个职业的理由就是可以将工作和自己的爱好统一起来。他的这种观点影响了我，我选择摄影这个职业也是因为摄影本身就是我的爱好，能够做自己喜欢的事情绝对是值得的。

女：您最喜欢的艺术家是什么样的？

男：我欣赏以一种非常科学、逻辑谨严的态度从事艺术创作的艺术家。他的作品要关注到人们的生活，不仅包含美，还要有深度。这比创作仅仅具有美感的作品要困难许多。

13. 问：男的喜欢什么样的摄影风格？

14. 问：男的为什么选择了摄影这个职业？

15. 问：男的喜欢的艺术作品是什么样的？

16 到 18 题是根据下面一段话：

我有一只猫爬到树上下不来了，只好给警察打电话求助。赶来的警察是个大胖子，比我更焦急。我说我到树上去把猫捉下来。警察说，这是他的责任，说完就尝试着去爬树。可是他庞大的身体很难胜任这项工作。

我说，还是让我试试吧。但在我攀爬前，我对警察说了一句："万一猫受到惊吓从树上摔下来，可不是我虐待它，您要替我做个证。"警察一听，马上制止了我的行动。他让我在树下等着，说完开着车匆匆走了。

不一会儿，这位警察带来四块厚厚的垫子，认真地铺在树周围。然后，他坚持自己去爬树。尽管有些笨拙，但他真的爬了上去，并通过"对话"取得了猫的"信任"。他小心翼翼地抱着猫，慢慢地往下移。快接近地面的时候，调皮的小猫突然蹿出他的手，一跃而下，跑到我的身边。也就在那一霎间，他心一急，伸手去抓猫，结果重重地摔在地上。好在地面铺了垫子，他没有受伤。我握着他的手，说："对不起，让您受到惊吓了。"他摇摇头，说："我的技术还不到家。谢谢您的宽容。"

16. 问：小猫遇到了什么麻烦？

17. 问：警察在第二次爬树前做了什么准备？

18. 问：警察从树上下来，快接近地面时，出现了什么情况？警察怎么了？

19 到 21 题是根据下面一段话：

亚太经合组织成员国家和地区总人口占世界人口的 45%，国内生产总值占世界的 55%，贸易额占 46%。这一组织在全球经济活动中具有十分重要的地位。澳大利亚等 12 个成员是于 1989 年 11 月亚太经合组织成立时加入的；中国是 1991 年 11 月加入的；自 1993 年 11 月到 1998 年 11 月，秘鲁等 6 国又先后加入该组织。目前亚太经合组织共有 21 个成员。东盟秘书处、太平洋经济合作理事会和太平洋岛国论坛为该组织观察员。经过多年的发展，亚太经合组织形成了领导人非正式会议、部长级会议、高官会议等多个层次的工作机制，涉及贸易投资自由化、经济技术合作、宏观经济政策对话等广泛的合作领域。其中最重要的是领导人非正式会议，会议形成的领导人宣言是指导亚太经合组织各项工作的重要纲领性文件。

19. 问：亚太经合组织成员国家和地区总人口占世界人口的比例是多少？

20. 问：亚太经合组织成立之初有几个国家？

21. 问：亚太经合组织的观察员组织有几个？

答案：一、1. D　2. B　3. C　4. D　5. A　6. B
7. D　8. D　9. C　10. A　11. B　12. C

第 17 课　你真的会跑步吗

热身

全 民 健 身

全民健身，倡导人们每天参加一次以上的体育健身活动，学会两种以上的健身方法，每年进行一次体质测定。全民健身的主要目的是全面增强国民体质，提高健康水平。

从 2009 年起，每年 8 月 8 日为“全民健身日”。为什么是这一天呢？第 29 届夏季奥运会 2008 年 8 月 8 日在北京开幕，北京奥运会的成功举办，使人们对体育的关注上升到一个前所未有的高度，也为中国留下了宝贵的财富。为了扩大全民健身节日的社会影响，为了吸引更多的人参与体育健身活动，为了弘扬积极向上的奥林匹克精神，也为了纪念北京奥运会的成功举办，8 月 8 日就被设立为“全民健身日”了，设置为 8 月 8 日这一天也得到了大众的普遍认同。

我国现有各类体育场馆 60 多万个，大多数公共体育场馆已向社会开放；各城市社区、住宅区、广场、草坪、路旁等，普遍设立了便民的健身场所，并配置了形式多样的体育健身设施。伴随着全民健身活动的开展，人们的生活观念发生了巨大变化。越来越多的人接受了“天天健身、天天快乐”的健身理念，“为健康消费”成为新时代提高生活质量的一种时尚。

答案：1. D　2. D　3. B　4. C

精听

你真的会跑步吗

当运动手环、运动软件悄然流行时，我们的微信朋友圈里活跃起来了一批“晒跑族”，每天“晒”跑步的公里数，开展了一场健康运动大比拼。然而，跑步也是一门科学，适度正确的锻炼才能达到良好的运动效果。

首先，跑步前应做好充分的准备活动。如牵拉韧带及肌肉、原地慢速颠跑等。特别是早上慢跑的人，由于刚起床不久，身体还没完全活动开，最好在开跑前先快走几百米，充分热身后，再开始跑步。

跑步时要注意姿势正确。慢跑的姿势应为两眼直视前方，躯体保持正直，微前倾，切勿后仰或左右摆动；全身肌肉放松，用轻而略带弹跳的步伐前进；手臂弯曲，保持 60 ～ 90 度，在身体左右侧平行地自然摆动。呼吸要自然，鼻吸鼻呼或鼻吸口呼，必要时口鼻同时呼吸；跑步时脚的前半部先着地，然后过渡到全脚掌着地；蹬地时也是脚的前半部用力，而不能整个脚掌同时着地或用力；脚掌不应有擦地动作，否则会加大前进阻力，易使脚掌疲劳。

跑完后不要马上停下休息，应该继续慢步几百米，待全身彻底放松后，再做一些力所能及的腰、腹、腿、臂的按摩或牵拉活动。

除了准备充分和姿势正确外，还要注意跑步的时间。多数人跑步的目的不是为了比赛，而是为了提升心肺耐力或减肥。因此对大多数人来说，应以较慢、匀速的节奏跑步，一旦呼吸急促到不能正常说话，或者每分钟心跳超过 180 次，应立即停止锻炼。如果跑步的主要目的是减肥，则速度还要适当降低，而时间相对延长。一般来说，有氧运动 30 分钟后脂肪开始消耗，40 ～ 60 分钟是心脏能承受的适宜的锻炼时间。

跑步最好在公园、绿地、校园等空气清新的场所进行。因为跑步时呼吸急促，在空气污染的地方容易吸收更多的汽车尾气和空气中的漂浮颗粒。如果室外空气不好，建议在健身房的跑步机上跑。此外，还要注意，跑步时尽量选择平坦的地面，以防脚踝扭伤；中老年人还应避免下坡跑，因为下坡跑时膝关节和踝关节承受的冲击力更大，容易造成关节和韧带损伤。

答案：二、1. B　2. A　3. B　4. C
三、1. √　2. ×　3. ×　4. √　5. ×　6. √　7. √

泛听

中国足球古今谈

传说在黄帝的时候，我国就有了一种叫“蹴鞠”的运动，这就是我国最早的足球运动。到了春秋战国时期，这项运动已在民间广泛开展。

从汉代开始，足球就用于练兵了，到了后汉和三国时期，军队和民间的足球活动已经较为普及了。据记载，三国时期的曹操就是一个典型的足球迷。到了唐代，足球已由实心皮球发展成了充气的空心球。宋代时，宫廷还专门设立了足球队。到了明代，女子和儿童玩儿足球比较盛行，明初女子彭云秀，就有一身踢球的绝技。清代则以冰上足球为主，用来训练士兵。

现代足球作为运动项目进行训练和竞赛始于 18 世纪末。大约在 19 世纪，现代足球传入我国。1897 年，香港举办“特别银牌”足球赛。1903 年，在上海的外国人组织了“史高塔杯”足球赛。1904 年，北京通县的协和书院足球队与英国士兵足球队在北京天安门广场举行了一场比赛，结果协和书院队以 2 比 0 战胜了英国士兵队。1907 年，北京又举行了一次国际足球比赛，中国参赛的有协和书院和北京文汇书院两个队，外国有英国、美国、法国、德国、意大利、奥地利 6 个队，结果英国队得了第一，中国的协和书院队和文汇书院队分获第二、第三名。

1908 年，香港成立了中国近代最早的足球组织——南华足球会；同年，华东六所大学在上海组织校际联合足球赛；上海和香港两地的足球总会也在这一年共同发起埠际足球赛。

1910 年，在南京举行的第一届旧全运会上就有足球比赛。到 1948 年，全国性的足球比赛总共举行过 7 次。1913 年第一届远东运动会上，中国第一次参加了规模较大的国际性足球比赛。

强化训练

一、根据录音内容，选择正确答案

1. 参加马拉松比赛之前，选手都需要先领取参赛包。领取参赛包需要携带报名确认单、医院体检合格证明以及身份证原件，三者缺一不可。领取参赛包必须本人前往，不可由别人代领。参赛包里有号码布、计时芯片、赛事T恤、背袋以及赛事手册等。选手进入比赛场馆前，要在场馆外排队等候工作人员验证。

问：根据这段话，下面哪项正确？

2. 今年是互联网教育高速发展的一年，人类获取知识的方式和渠道发生了深刻的变革：教育模式突破了时间性和空间性，优质课程资源共享，线上教学和线下教育相互融合，虚拟现实技术、人工智能技术也应用到教学当中。科技让知识的传播方式由单向传播变为多向互动。

问：根据这段话，下面哪项正确？

3. 电影节是推动电影艺术发展的一项活动，也是电影工作者之间交流、合作的一个平台。对于大多数人来说，提起电影节首先会想起戛纳、柏林、威尼斯等综合类电影节。而浙江青年电影节从创办至今，刚刚经历了四届。浙江青年电影节主要聚焦青年电影人，致力于为中国电影产业持续输送新鲜血液，提供广阔的发展平台。

问：根据这段话，下面哪项正确？

4. 元宵节又称"上元节"或"灯节"，其雏形大约在汉代就已经出现了。元宵节标志性的吃食就是汤圆或元宵。不少人以为汤圆就是元宵，都是圆滚滚的一团，只是南北方称呼不同。其实，两者的制作方法并不相同。汤圆是把糯米粉加水和成团，然后把各种馅料包进去，用手搓成圆球；而元宵则是把干馅儿切成小块，蘸上水，在放满生糯米粉的筛漏上摇成圆球。

问：根据这段话，下面哪项正确？

5. 1月8日，国际钢琴巨星、联合国和平大使郎朗将来到临夏大剧院演奏一场迎新专场慈善音乐会，这是郎朗第一次来到临夏这座古丝绸之路的南道重镇。郎朗将在音乐会现场倾情演奏肖邦等音乐大师的世界级经典曲目。此次音乐会也是临夏大剧院建成以来的首场世界级专业古典音乐会。

问：根据这段话，下面哪项正确？

6到8题是根据下面一段对话：

女：春节刚刚过去，一年一度的艺术专业联考又开始了。据报道，今年参加艺考的考生又有所增加。作为艺术院校的老师，您认为艺考为什么持续这么火爆？

男：我认为"艺考热"一方面是得益于国家文化产业大发展、大繁荣的大环境，越来越多的学生愿意从事这个领域的工作，另一方面是因为社会对人才的迫切需求。这些都使考生增多了。

女：可是，也有些考生并非为艺术而来，一些人对所报考的专业并不了解，盲目报考的现象依然存在。您对艺考考生有什么建议吗？

男：艺考需要有备而来，不能一拍脑袋就去参加。艺术专业并不是高考成功的捷径。各大院校在艺考中越来越重视学生的文化素养、学习能力以及文化课成绩。艺考也不简单，需要考生付出更多。所以我希望考生在报考时要理性，做好人生规划，要有追求艺术的愿望。在此基础上，平时对想选择的行业勤做功课。

6. 问：关于艺考，下面哪项正确？

7. 问：下面哪项不是艺考热的原因？

8. 问：下面哪项不是对艺考考生的建议？

9 到 12 题是根据下面一段话：

在甘肃敦煌鸣沙山一块绿色的盆地中，有一处像弯月的泉水，叫月牙泉，被称为天下沙漠第一泉。月牙泉东西长 300 余米，南北宽 50 余米，水深约 5 米。这里风景优美，泉被鸣沙山四面环抱，泉水清澈见底。

都说水火不能相容，沙漠清泉难以共存，但是月牙泉就像一弯新月落在黄沙之中，静静地躺了几千年。虽然月牙泉常常受到狂风黄沙的袭击，却依然充满生命力。为什么月牙泉不会被黄沙埋没呢？因为四面的沙山很高，中间是洼地，吹进这种环山洼地里的风，由于空气力学原理，会向上吹，于是月牙泉周围山上流下来的沙子，就又被送回四周鸣沙山的另外一侧了。

月牙泉边植物繁多，如诗如画；月牙泉内游鱼成群，生机勃勃。这里的草叫“七星草”，能解毒；这里的鱼，据说叫“铁背鱼”，能医病。因此，月牙泉又被称为“药泉”。

9. 问：月牙泉的名字是根据什么起的？

10. 问：为什么月牙泉不会被黄沙埋没？

11. 问：月牙泉为什么也叫“药泉”？

12. 问：关于月牙泉，下面哪项正确？

二、根据录音内容，笔答下列问题

13 到 15 题是根据下面一段对话：

女：作为世界钢琴大师，您对那些正在学习钢琴的孩子们有什么建议？

男：学习钢琴有很多种方式，并不是只有一种方式才能成功，找到适合自己的最重要。孩子早一些学习固然会好，与练体操一样，钢琴也需要童子功，这样，技术发展起来会容易一些，但同时也要判断学钢琴是不是适合自己。

女：您对钢琴考级有什么看法？

男：考级能给孩子带来一种动力，能让孩子为了一个目标去好好儿练琴，而且达到一个目标后还有下一个目标等着你，这很好。但是，级别并不能完全代表孩子弹得怎么样，只能把它当作考查标准之一，而不是唯一标准。

女：未来您有什么打算？

男：我特别希望多做一些音乐教育活动，让孩子们感受不同的教育理念，感受音乐之美。同时，我也在寻找新的突破，比如，怎样在音乐中突出我国古老文化的底蕴，怎样才能弹出我们民族的精神面貌和灵魂，等等。

13. 问：男的认为练钢琴需要什么功夫？

14. 问：男的认为钢琴考级的优点与局限是什么？

15. 问：男的想寻找怎样的突破？

16 到 18 题是根据下面一段话：

维吾尔族是一个喜欢喝茶的民族，一年四季都离不开茶。茶也是维吾尔族用来招待客人的饮料，所以无论何时去维吾尔族人家做客，主人总是热情地给客人烧茶和倒茶。即使在瓜果飘香的季节里，主人也要先为客人烧茶，饮罢茶之后，再拿出瓜果来招待。

维吾尔族爱喝茶大概和新疆的地理环境及自身的生活习惯有关。新疆气候干燥，维吾尔族的饮食中蔬菜少，肉类多。喝茶既可以补充蔬菜中的一些营养，也可助消化，所以茶水显得尤为重要，有“宁可一日无食，不可一日无茶”之说。特别有名的茶有“面茶”“清茶”“药茶”“冰糖泡茶”“奶茶”等。不同的茶有不同的冲泡方法和讲究，当然也有不同的功效。

16. 问：维吾尔族一般用什么招待客人？

17. 问：维吾尔族为什么爱喝茶？

18. 问：这段话提到哪些有名的茶？

19 到 21 题是根据下面一段话：

足球日益成为校园里常见的体育项目之一，足球课程、足球训练、足球竞赛也越来越丰富多彩。目前全国青少年校园足球特色学校已有 2 万余所。到 2025 年，我国还要再创建 3 万所校园足球特色学校。

扩大普及面是校园足球的首要任务。数据显示，在全国 5000 所校园足球定点学校中，90% 以上的学校只有学校足球队的学生参与足球活动，其他的学生并没有广泛参与到足球活动中来。因此，要逐步实现校园足球参与人数由少到多，同时，以校园足球为契机，教会学生提高运动技能，并能够广泛参与校园体育竞赛活动。

在校园足球普及的过程中，对学生足球文化的培养非常重要。如今，“重智育、轻体育”的社会观念依然盛行。社会对校园足球价值的认识也需要提高。从一些校园足球开展的实例来看，踢足球不但不会影响学生学习，反倒能够促进学生成绩提高。事实上，体育运动既是增强学生体质的根本途径，也是促进学生全面发展的必然要求。

19. 问：到 2025 年，我国将有多少所校园足球特色学校？

20. 问：校园足球的首要任务是什么？

21. 问：体育运动有什么重要意义？

答案：一、1. B　2. D　3. D　4. A　5. B　6. D
7. D　8. C　9. B　10. B　11. C　12. C

第 18 课　阶段测试（下）

第 一 部 分

说明：听录音，在 A B C D 四个书面答案中选择唯一恰当的答案。

1.“90 后”一代出生在 20 世纪末期，价值观更多受到改革开放和市场经济迅猛发展的冲击，对人生幸福的认识也更多元与实用，更倾向于追逐事业有成、为社会做贡献；“00 后”一代生活在市场经济更成熟、改革开放成果更丰厚的时代，这使他们认为个人价值的满足才是人生幸福。

问：根据这段话，下面哪项正确？

2. 当别人向你请教一个问题，你 10 秒内无法想出答案时，你是否会去求助搜索引擎？当你想了解一件事情或去做一件事情时，你是否会先“征求”一下搜索引擎的意见？当你突然听到一个复杂的问题时，你的头脑中是否会冒出若干个关键词，而非连续的句子？一般说来，如果你的回答都是“是”，这就是“搜索引擎依赖症”的典型特点。

问：这段话的主要意思是什么？

3.《国家宝藏》《朗读者》《中国诗词大会》《中国戏曲大会》《中国民歌大会》等电视节目，以当代人喜闻乐见的方式，将优秀传统文化与电视媒介有机结合，影响了大量观众，尤其是青少年。这些电视节目致力于开掘深厚的人文意蕴和文化品格，与社会热点相契合，与观众情感相融合，讲述中国故事，发扬中国精神，传播中国文化。

问：关于这些电视节目，下面哪项不正确？

4. 巴黎高等师范学院成立于 1794 年，是法国第一所师范学院。巴黎高师每年只招收大约 200 名学生，而全校师生加起来，人数也不过 2000 名。就是这么一个小小的学校，却培养出了 10 位诺贝尔奖获得者、8 位菲尔兹数学奖获得者，还有总统蓬皮杜和两位总理，其人才培养效率之高，在全球也名列前茅。

问：关于巴黎高等师范学院，下面哪项正确？

5. 春天是鸟类繁衍后代的季节。深圳野生动物园里的鸟类也进入了繁殖期，很多鸟宝宝陆续出世。在天鹅湖，破壳出生不久的四只黑颈天鹅宝宝，与父母一起在湖水中嬉戏、觅食。天鹅妈妈对孩子“照顾”得很周到，在一旁的天鹅爸爸则当起了“保镖”保驾护航，不让其他的天鹅靠近。一般情况下，其他的禽类动物都是让自己的孩子跟在自己身旁游水，而黑颈天鹅则是把自己的宝宝驮在背上。

问：根据这段话，下面哪项正确？

6. 生活中，有多少人在浑浑噩噩过日子呢？有多少人在安逸的生活中懈怠呢？有多少人认为自己没有什么本事就安于现状、不思进取呢？有些时候，我们需要一种危机，来激发我们自身的潜能，唤醒我们内心深处被掩藏已久的人生激情，从而实现人生的最大价值。人的平庸，多数不是因为自身能力不够，而是因为安于现状、不思进取，在平淡机械的生活中埋没了自己。不要总羡慕别人头上的光环，其实你也有能力给自己戴上美丽的花冠。

问：这段话的主要意思是什么？

7 到 9 题是根据下面一段话：

近日，美国《预防》杂志总结出了免疫力低下的几种人。

第一种就是交际圈子太狭窄的人。友谊是增强免疫力的一味“良药”。研究证实，一个人结交的朋友越少，身体越易生病，甚至寿命也大受影响。研究人员发现，朋友数目超过 6 个可大大提高抵抗感冒病毒的能力。

第二种是平日欠下“睡眠债”的人。经常克扣睡眠时间会让身体产生的免疫细胞数量锐减。芝加哥大学的研究人员发现，相对于每天睡 7 ～ 8 小时的人，每天只睡 4 小时的人，血液里的流感抗体只有前者的 50%。

第三种是有话憋在肚子里的人。研究发现，喜欢探讨问题的夫妻，血压、心率会降低，而和免疫相关的白细胞数量会升高，这和适度锻炼的好处差不多。

第四种是顶着重压过日子的人。一份让你内心不得安宁的工作也会对免疫力造成深深的伤害。骑自行车远行、参加瑜伽课程、自己学着做美食都是减压的好办法。

第五种就是外出常以车代步的人。研究发现，整天开车到处走的人比喜欢走路的人，生病的时间长两倍。专家称，每天进行 30 分钟的有氧运动，免疫系统的工作效率更高。

7. 问：这段话提到了几种免疫力低下的人？

8. 问：根据这段话，下面哪项正确？

9. 问：以下哪项不是减压的好办法？

10 到 12 题是根据下面一段话：

一家知名企业的总经理想要招聘一名助理。这对于刚刚走出校门的年轻人来说是一个非常好的机会，所以一时间应聘者云集。经过严格的初选、复试、面试，总经理最终挑中了一个毫无经验的年轻人。

副总经理对于总经理的决定有些不理解，于是问他：“那个年轻人胜在哪里呢？他既没带一封介绍信，也没受任何人的推荐，而且毫无经验。”

总经理告诉他：“的确，他没有介绍信，刚刚从大学毕业，一点儿经验也没有。但他有很多更可贵的东西：他进来的时候在门口蹭掉了鞋底带的土，进门后又随手关上了门，这说明他做事小心仔细；当看到那位身体上有些残疾的求职者时，他立即起身让座，表明他心地善良、体贴别人；进了办公室他先摘下帽子，回答我提出的问题时干脆果断，证明他既懂礼貌又有教养。”

总经理顿了顿，接着说：“面试开始前，我在地板上扔了本书，其他人都从书上迈了过去，而这个年轻人却把它捡了起来，并放回桌子上；当我和他交谈时，我发现他衣着整洁，头发梳得整整齐齐，指甲修得干干净净。在我看来，这些细节就是最好的介绍信，这些修养是一个人最重要的品牌形象。”

10. 问：关于这个年轻人，下面哪项不正确？

11. 问：总经理关注应聘者什么方面的表现？

12. 问：这段话主要说明了什么？

13 到 15 题是根据下面一段话：

医学研究发现，差不多每个人的细胞组织中都会出现细胞的突然变异，变异有良性和恶性之分，其中的恶性变异就是我们常说的癌细胞。如果免疫细胞正常，当癌细胞刚出现时，淋巴细胞会将其当作异物消灭掉；当身心健康受到摧残、心情压抑时，淋巴细胞往往会受到不利影响而功能低下，癌细胞因此能够迂回逃避其捕杀，加速增殖。因此，预防癌症不但要关注行为、环境、遗传等诸多方面，更要关注心理因素。

性格过于刚强或性格内向、心情压抑、苦闷而不能自拔的人易于患癌；孤僻、多疑、多愁善感、好生闷气、沉默寡言、处世冷淡的人也易于患癌；常钻牛角尖、心胸狭窄、容易记仇、报复心强、易躁易怒、忍耐力差、看什么都不顺眼、喜欢抱怨的人更容易患癌。具体来说，抑郁好生闷气，并常常带气吃饭易患胃癌；长期处于失望自卑中的女性易患宫颈癌；压抑不得释放、经常克制情绪者易患肺癌；怒气难以自制，又常常压抑愤怒者，易患乳腺癌。

因此，要想防癌，首先要防止精神过度紧张，去除忧郁、失望等不良情绪，保持乐观的情绪。

13. 问：哪种性格不易于患癌？

14. 问：压抑不得释放、经常克制情绪的人易患什么癌症？

15. 问：这段话主要告诉我们什么？

16 到 18 题是根据下面一段话：

我从小喜欢电器，经常把家里的电器拆了研究。这个特点逐渐影响了我的职业选择。大学时期，我学了五年的电气工程专业，毕业以后，就应聘到了供电公司。

这工作并不轻松，因为变电站基本都在郊区，我们作为变电检修工一般都要在野外工作。由于变电站之间距离较远，检修工人数又少，我们经常一去做检修实验就是好几天。除了平常的实验和检查以外，我们还要应对突发事故的抢修工作，基本上每天都要出去一趟。有时候去远一些的地方，晚上就回不来了。因为我的同事只有几个人，而我又经常在变电站跟那些设备打交道，连说话的对象也没有，所以我时常觉得非常孤独寂寞。

工作有时候就是这样，不管我们喜不喜欢，都要承担一份应有的责任。为了设备的安全和稳定运行，我们必须要认真对待工作，每一项实验都要做细、做实，每一份分析报告都要填对、填好，还要根据设备的情况跟踪检查、处理，将设备的隐患及时消除，确保设备安全稳定可靠地运行。

16. 问：男的认为他的职业选择和什么有关？

17. 问：以下哪项不是男的的工作？

18. 问：如何评价男的的职业态度？

第二部分

说明：连续听两遍录音，回答下列问题。

愿做什么？能做什么？

大学毕业后，他累计求职失败了大约 2000 次。后来，他决定实施一项不可思议的计划——“50 周内走遍 50 个地方，做 50 份不同的工作”，以帮助那些和自己一样求职无门的年轻人积累职场经验。半年过去了，他已经走过 30 个地方，获得了 30 份工作。他这份看起来像天方夜谭般的计划，正在一步步变为触手可及的现实。

在过去的半年里，他都获得过哪些工作呢？

第一份工作是礼堂服务人员；第二份工作，水文地质研究员；第三份工作，斗牛场广播员。此后，他陆续获得的工作有：商店店长、伐木工人、考古研究员、气象预报员、园林设计师、马夫，还有边境巡查员、送奶工、锅炉工……岗位五花八门：白领的，蓝领的；脑力的，体力的；粗活儿，细活儿；城里的，乡下的……总之，只要是工作，只要有岗位，他都尽力争取，用心尝试。有的工作我们甚至听都没听说过。

难以想象，一个人可以在很短的时间内，找到并做好这么多工作，要知道，这些工作多么截然不同：马夫和考古研究员，送奶工和气象预报员，这之间的差距该有多么巨大？而他大学时学的专业是经济学，看起来与这些工作基本都不相干。

不过，这 30 个完全不同类型的工种却有一个共同点，那就是：它们都是岗位，都是工作，是别人正在做的或者虚位等待着你的工作。他的这项计划之所以能够如此成功地实施，很重要的一个原因是，他对工作从不挑剔，什么都愿意尝试。

我忽然好奇地想，他已经做过的这 30 项工作，如果换成我，哪些是我可能做的？哪些是我愿意做的？哪些又是我做得了的？哪些是我放得下架子去做的？哪些是我吃得了那份苦的？哪些又是我想都不敢想、看都懒得看、理都不想理的？

说实话，我愿意而且能够选择的，并不多。那么，如果换成正在或者将要寻求工作的你呢？

如今，他的计划实施过半，他也已经得到了回报：有 10 位“前老板”表示愿意录用他为正式员工。他对那些正在试图寻找工作的同龄人说：“不要害怕承担责任和尝试新事物，胸怀越广阔，你获得工作的机会也就越多。”

在抱怨一职难求的时候，也许我们首先应该问一声自己：你愿意做哪些工作？你能够做哪些工作？

答案：1. D　2. D　3. D　4. B　5. D　6. D　7. C　8. B　9. B
10. D　11. A　12. C　13. C　14. A　15. D　16. B　17. A　18. B